人生の真実を求めて

神と私〈新装版〉

遠藤周作
監修・山折哲雄

朝日文庫

本書は二〇〇〇年五月に海竜社より刊行され、
二〇一〇年四月に小社より刊行された文庫『神
と私』を改題した新装版です。

人生の真実を求めて　神と私〈新装版〉●目次

人生の真実を求めて　神と私〈新装版〉

［人間について］

神のみが〝本当の私〟を知っている

私は私、これでよし

年寄りっぽい、とか、一種の諦《あきら》めだとか言われそうだが、私も次第に自分の人生をほかに移しかえて考えなくなった。小説家になるため巴里《パリ》に生れておればよかったとか、もう少し頑健な体を持ちたかったとか、昔は色々と他を羨んだこともあったが、今では「私は私、これでよし」と自然にそう思うようになってきた。

そのかわり与えられた状況や条件を最大限に活用して、それを享受《きょうじゅ》し、あらゆる角度から（文字通り）満喫するのが「生きる」ことだとも思うようになった。

『心の砂時計』（エッセイ）

†

遠藤周作という堅い名で私はかなりマジメな小説やエッセイを書いてきた。しかしそれを発表するたびに私は自分が遠藤周作はマジメな面だけではなく、別の面——ふざけた面、人なつっこい面、ふしだらな面、いやらしい面をあまた持ちあわせていることをいつも感じてきた。そして遠藤周作からはみ出したこの多くの面をひっくるめて、いつか私は狐狸庵とよぶようになった。

私はこの狐狸庵という名のおかげでともすれば狭くなりがちな自分の世界を拡《ひろ》げることができた。そして生活の上でも本当にたくさんの友だちをあちこちに持つことができた。遠藤周作の本は読まなくても狐狸庵という別称は知っていて、向うから親しく近よってくれる人が多かったからである。そのおかげで私はこの年齢になるまでかなり楽しく人生を送れたと思う。

だがそれらの友だちと別れ、昼でもカーテンをしめきった小さな仕事部屋に戻り、時計職人のように背を丸めて机に向う時、私は遠藤周作になる。

一体、どちらが本当のあなたなのですかとたびたび人にたずねられた。二つの顔を持った作家と書かれたこともある。そのたびごとに閉口した私は、どっちも私なのですが、と答えると相手からふしぎそうな顔をされた。

しかし、この年齢になって私はやはり二つの名前を持ってよかったと思うようになった。そしてむかし戯《たわむ》れにつけたこの狐狸庵という別名にかなり深い意味を与えるようになった。

と言うのは、この年齢になると一面しか持たぬ人間など存在しないことが私にもわかったからである。どんな人間だって二面、いや三面――それ以上に多面的である。フロイト派の先生も深層心理学者たちも、世間や家族にみせている自己のほかに無意識にかくれている自己がどんな人間にもあまたあることをくりかえし、くりかえし言っている。私たちはみな自分の心の奥底に別の自分たちを持っていることはたしかだ。

しかもこの心の奥にかくれた別の自分たちは影法師のように実体のないものではない。いや、それは世間にみせている私たちの外面をひそかに操るほど実力があるのに、正体をみせぬ黒幕であり、黒幕以上にぶきみで得体の知れぬものだからである。

私について言えば遠藤周作ならある程度わかりもし、表現もしてきたつもりである。だがそのかげにあってこの周作を操っている別の自分たちになると、わかっている部分とわかっていない部分とが複雑にまじりあっている。その総体を今の私は狐狸庵とよぶようになった。けだし狐狸のようにわけのわからぬ領域もそこには含まれているからだ。

狐狸庵のなかにはいろいろなチャンネルがある。さきほども書いたようにこの名のおかげで、私は素人劇団をやったり、コーラス団を持てたりして友だちをたくさんつくり、随分と楽しい思いをこの人生でさせてもらった。しかし狐狸庵にはそれ以外のチャンネルがいくつもあって、夜分などうす気味わるい音を出す。それは本当に怖《おそ》ろしいことです。

しかしこれは私一人だけのことではないだろう。読者はここまでお読みになって、御自分も同じことだとお思いになるだろう。

時々、私はこんなことを想像することがある。いつか私が死に、お棺のまわりで通夜の友人たちが私についていていろいろと語ったとする。あいつはイイ奴だったとかイヤな奴だったとか、たくさんのその人たちの眼を通した「私」が語られるが――それをじっと聴いている私はやっぱり棺のなかで呟《つぶや》く。

「いや、俺《おれ》はそれだけじゃないぞ。それだけじゃないぞ」

私は別に傲慢《ごうまん》な気持でこんなことを想像しているのではない。このことは私だけではなく、すべての人に当てはまる話なのだからだ。

では家族や親友さえも知らぬ「私」とはいったい何だろうか。正宗白鳥《まさむねはくちょう》はむかし「誰《だれ》でもそれを他人に知られるくらいなら、死んだほうがいいと思う秘密がある」と書いたが、この「私」とはそんな意識的な秘密をふくめた、もっと深い私なのかもしれない。

そして――

そして、私は自覚的な自分――私ならば遠藤周作――以上に、もっとこのはみ出た自分、それだけではない自分、得体の知れないひそかな自分――狐狸庵のほうが本当は神というものと関係があるような気がしているのである。

『春は馬車に乗って』（エッセイ）

†

私のような小説家はいつも思うのだが、自分が小説を書くようになったのは——多くの人が誤解しているように自分の人生体験からではない。人生体験という事実ではなく芸術体験という真実のおかげである。つまり学生時代や青年時代に色々な小説を読んだり絵をみたり、音楽を聴き、大きな芸術的真実にひたったのち、自分もそのような表現をやってみたくなったからである。さまざまな芸術作品の共同体の働きのおかげで私も小説を書くことができるようになったのだ。

私だけでなく、ほとんどすべての小説家や画家や音楽家たちは彼等のつまらぬ人生の事実よりは、芸術作品という真実の人生の集合体の働きから創造する悦びを教えられた筈《はず》だ。

『万華鏡』（エッセイ）

†

掘りさげても掘りさげても次々と層が発見されるあまりに深いもの——それが人間の心である。だが、掘りさげつくした最後に何があるだろう。それが小説家としても私は長い間、知りたかった。

この年齢になっても私はまだ心の底まで掘りさげつくしてはいないが、しかし自分の鍬《くわ》の反響が行きつくものを予感させている。それは人間の奥底に地下水としてほとばしり流れるあの大きな生命である。言葉をかえればすべての人間を包みこむ大きな生命である。

『心の夜想曲《ノクターン》』（エッセイ）

†

私は無意識という領域のなかに計りがたい人間の深きものが――文字通り神秘的なものがひそむことを文学を通して知った。だからこそ、その無意識は頭で考える思想などではなく、宗教と結びつくのである。

『心の夜想曲』（エッセイ）

†

たいていの人はそうだろうが、私自身には波瀾万丈《はらんばんじょう》の人生などありはしなかった。私の人生の内容は同時代の人とそう変わりなく、小説家という仕事はしているが破滅《はめつ》型ではなかったから、実生活はごく平凡なものだった。実生活での多少の不幸、多少の病気、多少の苦しみはあったが、それは他の人たちも味わうようなものであり特別に私だけに与えられた試練でもなかった。

しかし、そんな平凡な生活も小説家として小説を書くため嚙《か》みしめるより仕方なかったが、そのおかげで私はいろいろな意味を見つけた。いろいろな意味がつながって大きな意味に向かいつつあるのを今、感じている。

『心の夜想曲』（エッセイ）

†

日常生活のなかに宗教が混入されることで幸福にも私は子供の時から（必ずしもいい信者ではないが）人間を包み、人間を超《こ》えたXのあるのを否定することができなかった。その否定することのできなかったものを、小説家の私が自らを偽ることなしに、いつかは探りあてたいというのが夢だったが、今ではそれも可能なような気がする。

だから私はこれだけは確信をもって言える。「人間を知らずに宗教は語れない」「人間の探究《たんきゅう》を怠って本当の宗教はない」

この人間の探究というのは次のような意味である。「人間の探究をいわゆる道徳律で無視してはならない。人間の探究に善悪の区別はない」

人間の心のなかには善もあれば罪もある。しかしそれらのすべてはそれぞれに深い意味がある。その深い意味は長い歳月をかけておぼろげに理解でき、更に長い歳月をかけて、そうだったかとうなずけるようなものだ。

小説家として私は人間を探っているうちに、人間と人生とのどんなものも無駄ではないことをますます肯《うべな》うようになっている。我々の人生に起きるどんな些細《ささい》な出来事も実はひそかに糸につながれ、ひそかで深い意味を持ち、人生全体という織物を織っているのだ。善だけが意味があるのではない。善ならざるものも、その織物には欠くべからざる要素であり、そしてその織物全体が何かを求め、何かを欲しているのだ。それを知っただけでも小説家としては果報だったと思っている。

『心の夜想曲』（エッセイ）

自分を知っていると言えるか

「自分は自分の人生を一番よく知っている。なぜならそれは自分が作ったものだからだ」と多くの人は考えるが本当にそうだろうか。

ひょっとすると「自分は自分の人生がわかっていない。それは自分の気づかぬ大きな力、別な力によって生かされてきた」と思ったほうが、より正確なのではないか。

その別なものとは何か、それに名前をつけるのは各人の自由である。宇宙の命でもいいし、神でもいいし、ひょっとしたら亡き母でもいいのだ。

『変るものと変らぬもの』（エッセイ）

†

本当の自分とは確実に捉《とら》えられるか。本当の自分を表現することはできるのか。本当の自分はどこまで語れるのか。自己告白とは必ず嘘の伴うものである。たとえ本人が正確に確実に、ありのままに自分を語ろうとしても、どこかに嘘がまじるものである。あるいは本当の自分だと錯覚《さっかく》しているものの背後に別の自分がいるのである。自分を語るためには自分を整理せねばならぬ。しかしその整理の手つきによって嘘は影のように音もなく忍びこんでくるのだ。

『春は馬車に乗って』（エッセイ）

†

「神父さん」

「はい」

「さっきの言葉ですけど……神は悪人の上にも善人の上にも太陽をのぼらせ、雨をふらせてくれるとは……あれ、どういう意味ですか」

「それは、私たちにはどの人が善人で、どの人が悪人か裁いたり決める資格はないと言うことでしょう。誰だって他人の心の底はわかりませんですし、善人にみえる人の本心も、悪人にみえる人の本心も、わかりませんです。自分だって自分の本当の心がわかりませんですから。それを見ぬけますのは神さまだけです。そういう意味と思います」

『遠藤周作文学全集8　ある通夜』（短篇小説）

我々は「自分の心は自分が一番よく知っている」と考えているが、自分の心の奥底には「自分でもわかっていない」領域があるのではないか。

このことは数年来、私の気になっていることなので、随筆のアチコチに形をかえて出ている。たとえばユングのような深層心理学者の話にふれたものがそうである。

私自身、自分の心の底に「自分でもわかっていない」領域があるのは前からうすうす感じていた。学者たちはそれを下意識《かいしき》とか深層《しんそう》意識とか無意識とかよんでいる。しかしそんな面倒くさい呼びかたをひとまとめにして「私の心の奥にかくれているX」と呼ぶことにしよう。このXが私の言動を実は大いに支配しているのではないか、そんな感じを持ちつづけてきたのである。

『眠れぬ夜に読む本』（エッセイ）

†

ストレスが胃に潰瘍《かいよう》を作る。心の痛手が肉体の病気を起こす。今ではこれは常識になって大病院に行くと心療科や神経内科のお医者さまがおられる。それは心と肉体は別々のものではなく、眼にみえぬ結びつきがあることがわかったからだが、一時代前の医学は心と体とは別々なもの、病気とはたんに生理的肉体だけに起こる障害と考えていた。

この心と肉体との結びつきと同じように、心と外界も別々なものではない。心に起こったことは何らかの形で外界に反映する。それがユング派の先生たちの共時性についての第一の解釈だ。

もし、そんな共時性の解釈が本当だとすると、私が『情事の終り』というグリーンの小説に熱中をしてロンドンを歩きまわった時、私のこの作家にたいする熱中が外界に反映して、次第に具体的な形をとり、エレベーターのなかで当の作者の姿となって現れたことになる。

こう書くと首をひねられる読者も多いだろうが、少なくともその出来事を単純に「偶然さ」と言って片付けられぬことだけはわかって頂けただろう。心のストレスと胃潰瘍との間に眼にみえぬ結び付きがあるように、共時性を持った心と外界との出来事には、我々の論理では割りきれぬ、ひそかな関係があることは否定なさらぬだろう。

もうひとつ、大事なこと。

心のストレスは肉眼では見えはしない。しかしストレスは自分の存在を具体的な形であらわそうとする。潰瘍という形である。

「見てください。これが、あなたの心の傷なんです」

と心はあなたに語っているのだ。その囁《ささや》きを聞くか、聞かぬかで、治療はちがってくる。

「そうか。俺の心にはそれほどストレスが溜《た》まっていたのか」と考えて、職場のストレスを解放しようと試みるか、たんなる胃の病気と思って胃薬ばかり飲むかによって生きる態度はちがってくる。

だから共時性のある出来事にぶつかったならば「偶然さ」などと思わないで、この眼にみえぬ結びつきのなかで「心が囁いているものは何か」と考えたほうが、はるかに人生に深く足をふみ入れることができる。心の動きは眼に見えはしない。まして心の奥の奥のことはその当人にもわからない。

だが、その心の奥の奥は決して沈黙しているのではない。我々に語りかけているのだ。その言葉は時には夜の夢になったり、病気だったり、また共時性によって具体的に出てくるふしぎな出来事なのだ。そんな出来事や夢や病気は決して無意味なものではなく、あなたの人生に何か深いものを語っているのである。

『万華鏡』（エッセイ）

†

「人には言えぬ秘密」を心に持った者はそれを嚙《か》みしめ、嚙みしめ、嚙みしめるべきである。そうすれば本当の自分の姿もおぼろげながら見えてくるだろうし、その本当の自分の姿から生き方の指針が発見されるだろう。

だから、むしろその秘密に我々は感謝してよいのだ。そしてそれを嚙みしめることで、少なくとも我々はこの世のなかの最もイヤな偽善者——いつも自分を正しき者として他の人を裁く偽善的道徳漢にならずにすむのである。『生き上手　死に上手』（エッセイ）

†

一人の人間の個性を創《つく》りだすためにそこに働いたあまたの縁がある。もしくはそのような縁を無視して、自分の独力で今日までこられたかどうか、自分の個性は自分自身で創りだしたかどうか、もう一度、考えてみると、そうでないことにすべての人が気づくだろう。『生き上手　死に上手』（エッセイ）

†

自分のなかに二つの自分がいる——

自分でわかっているつもりの自分と、そして自分でも摑《つか》めていない自分と。

自分で意識して生きている自分と、そして自分でもわけのわからぬ自分と。

この二つの自分を私はある時期からひどく気にするようになった。

誰《だれ》かと話をしたり、何かをやったりしている時、不意にこの言葉の奥にどういう心がひそんでいるか、この行為の動機には自分で考えているものと別のものがあるのではないかと思うようになった。『心の夜想曲』（エッセイ）

私は芸術が「心の奥の琴線《きんせん》にふれる」とは一体なになのかを、無意識の面から語ってみたい。

これを具体的に教えてくれたのは実は私の勉強してきた現代基督《キリスト》教の文学ではなくて、深層心理学者のユングだった。

今まで幾度ものべたように基督教文学者にとっては無意識とは抑圧した欲望や感情が溜まった心の場所なのである。しかもその抑圧したものは消滅せず、歪んだ形で噴出してくるのだがそれが罪に変わるというのが彼等の作品のなかでの考えかたなのだった。そしてこうした考えかたは大乗仏教のアラヤ識《しき》の見かたに通ずることも既に書いた通りだ。

しかしこうした考えかたには無意識を心のなかのゴミ溜めのように扱う面がある。抑圧した欲望や感情は陽の目にはさらせないものだけに、心の底でヘドロのように悪臭を放っているともいえる。もちろん、このヘドロのようなものだからこそ「神」や「仏」の力が働くのだが、無意識をやはり一種の汚れた領域とみることに変わりはない。病的な潜在力を持った場所と眺めているのである。

ユングをはじめて読んだ時から、私は基督教文学から学んだ無意識の見かたが次第に変わっていくのを感じた。なぜなら彼は無意識をいくつもの層に分けて、一面ではフロイト的な抑圧の溜まり場所もあると言いながら、同時に別の層には、もっと人間の活力のエネルギー、共通思考の場所、芸術や美やイメージを創造する領域があると語っていたからである。

『心の夜想曲』（エッセイ）

〝自分は正しい〟と思い込む落とし穴

宗教の中に入って、いちばん引っかかりやすいのが、この優越感であるとも言えるのです。つまり、キリスト教ならキリスト教に入ると、他人に対して、あの人たちは仕方のない人だ、と思い込んだり、あるいは、自分はいつも正しいことをしているのだ、という気持ちになりやすいのです。当然、そこに優越感が起こります。これはやはり、他人の悲しみということがまったくわからないという点で、もっとも非キリスト教的な考え方だと思うのです。

『私のイエス』（エッセイ）

†

心より心を得んと心得て　心に迷ふ心なりけり（一遍）

この歌を思い出すたびに作家、一遍という人が、どれほど人間の心の複雑さや、心の扱いにくさや矛盾を知っていたかをしみじみ感じる。周知のようにこれは一遍にある僧が「形よりも心が大事ではないか」と言った時にたしなめた歌である。

一遍は人が善きことをなそうとする時、その善きことが彼の心を逆に慢心さすことを見ぬいていた。人が正しきことをなそうとする時、その正しきことがかえって彼の心を傲《おご》らせることを承知していた。修行すれば修行するほど、泥沼の深みに入ることを知っていた。人間の心はたんに「善」「正」「修行」などを志すだけでは律しきれない矛盾があるのだ。

この一遍の歌は私にあのユダヤ教の戒律から飛躍しようとしたポーロの心をも連想させる。ユダヤ教の戒律――つまり戒律を守ろうと身をつつしめばつつしむほど、逆に律儀に捉《とら》われふりまわされて逆に自信を持てなくなったのが若い頃《ころ》のポーロである。おそらく彼なら一遍の歌に膝《ひざ》をたたいてうなずいただろう。

『生き上手　死に上手』（エッセイ）

†

この年齢になると、なぜか「善魔《ぜんま》」という二文字がしきりに頭にうかぶ。

善魔などという言葉はもちろん字引にはない。がしかし、それに対応する悪魔という言葉はもちろんある。

私は悪をやることも実にムツかしいが、逆に善をやるのもかなりムツかしいと考えるようになった。私のような小人物には大悪をやるには努力と勇気がいるものだから、さいわい今日まで小悪はつみかさねても大悪に手を出し自分の人生を目茶苦茶にしなくてすんだ。小心、臆病《おくびょう》もやはり役に立ったわけである。

しかし逆に善いこととなると、これは意外と努力なしに感情だけでやれるものだ。しかし感情に突きうごかされて行った愛なり善なりは（正確にいうと自分では愛であり善いことだと思っている行為が）相手にどういう影響を与えているか考えないことが多い。ひょっとするとこちらの善や愛が相手には非常な重荷になっている場合だって多いのである。向うにとっては有難迷惑な時だって多いのである。

それなのに、当人はそれに気づかず、自分の愛や善の感情におぼれ、眼《まなこ》くらんで自己満足をしているのだ。

こういう人のことを善魔という。そしてかく言う私も自分がこの善魔であって他人を知らずに傷つけていた経験を過去にいくつでも持っている。

その苦い体験を今かみしめてみると、やはり原因は二つある。ひとつは相手の心情に細かい思いをいたさなかったこと、もうひとつは自己満足のあまりに行き過ぎてしまったことである。

だから過ぎたるは及ばざるがごとし、とは名言である。

『生き上手　死に上手』（エッセイ）

ペトロとカヤパの女中の話は人間のどうにもならぬ弱さをぼくたちに教えてくれます。純情で素朴なこのペトロは正義のため、師のためには命も捨てられると言い張りました。彼はウソをいったのではない。その時は本気だったのです。

だが、この直情径行の男は自分の弱さとその弱さ故の悲哀を知らなかった。我々は罪を犯したいから罪を犯すのではない。心の弱さ、孤独の寂しさ、人生の悲哀をまぎらわすため罪を犯すのです。

†

そうした人間のかなしさをキリストはだれよりも知っていた。だからキリストはペトロに教えられた。「お前は今夜、夜のあけるまでに三度私を否むだろう」

この言葉はただ一途に自分の強さに自信をもったペトロへのふかい戒めだったとぼくには思われるのです。ひいてはそれは自分の強さだけではない、自分は正しいんだ、自分は間ちがわない、かたくなにそう自分を信じて、弱い人の弱さ、くるしみ、泪《なみだ》を理解しえないことがどんなに間ちがっているかをキリストは言いたかったのだとぼくは思うのです。

『聖書のなかの女性たち』（エッセイ）

†

キリストの教えた本当の精神の一つは、いかなる人間も高見《たかみ》から他人を裁く資格はないということです。信仰者の陥りやすい過ちの一つは自分が神から選ばれた人間である故に、神を知らぬ人々をひそかに裁き、軽蔑するという気持だ。自分を正しい心の立派な人間と思い、他人の過《あやま》ちや罪を蔑《さげす》むこと――キリストはこれをもっとも嫌ったのでした。大事なことは自分も他人も同じように弱い人間であることを知り、そして他人の苦悩や哀しみにいつも共感すること、これをキリストは聖書の中で「女性を通して」教えているのです。

だから彼は人々から後指をさされる淫売婦に進んで近づいていった。彼女がポト、ポトと落す泪《なみだ》のなかに、その女がこの生のなかで受けねばならなかった哀しみ、人々の辱しめ、それを怺《こら》えた毎日のことを一緒に悲しんでやった。キリストは彼女を慰めたのではない。キリストは彼女と一緒に苦しんでやったのです。

『聖書のなかの女性たち』（エッセイ）

人間の縁はひそかに結びあい、からみあっている

仏教では、この世にあるものはすべて頼りがたいものである、それ自体で存在しているものはひとつもない、お互いもたれ合っている、それが空《くう》だという考え方でしょう。すべての頼りがたいものを放棄して、煩悩《ぼんのう》、執着、つまり欲望——五蘊悪性《ごうんあくしょう》というか、そういう執着するものを捨ててしまって仏にすがる。

しかし私は現世のことに好奇心が強いし、無明《むみょう》の世界にさえ好奇心を捨てることができません。人間が好きなんです。人間への執着をすべて捨てなければ仏が救ってくださらないという考えは、私みたいなぐうたらな男には合いません。それに執着を捨てようとするとますますそれを意識する性格なんです。もっとも、仏教にも無明の中に仏ありという考え方もあるのですが、根本原則は執着を捨てよだから、私には無理だと思うのです。

キリスト教の場合は、執着を全く捨てよ、という考え方ではなくて、おまえがいま飲んでいる水は代用品だぞという考え方のほうが強い。前にもふれたように、ヨハネによる福音書には、サマリアへイエスが弟子を連れて行って、弟子が晩飯の買い物に行っているとき、イエスが井戸のそばで休んでいたら、女が来たのでイエスが「水を飲ませてくれませんか」と頼む話が載っています。そしてイエスは女に向かって、この水は飲んでもまた渇くが、わたしが与える水は決して渇かないという話をします。

仏教では人間の欲望はすべて幻影であり幻影であるから捨てよと言うのですが、キリスト教ではその欲望は女の愛を求めるものであれ、金を求めるものであれ、本当のものの代用品だと言うのではないかと思います。

では何の代用品かといえば、神を求める心の代用品だというわけです。聖書の中に、カナの奇跡というのがあります。イエスがガリラヤのカナ村で友人の結婚式に呼ばれていた時のことです。酒が足りなくなったので、母マリアがやって来て、酒が足りないようだから何とかしてやってくれないかと言ったら、水を酒に変えたということが出ています。これは非常に象徴的な話だけど、つまり私がいま一所懸命執着して飲んでいるものというのは、本当の酒ではなくて水かもしれないのです。それがいつの間にかイエスが酒に変えてしまっているわけです。この話にも、執着しているものを通して救いが来るという考え方を私は嗅《か》ぎとるのです。

『私にとって神とは』(エッセイ)

「縁について」を書く気になったのは、わが身の人生を展望できる年齢になって、そこに働いていたものが私自身の個性などではなく、多くの縁の助けや支援によるものだとわかってきたからなのである。

仏教には時節到来という言葉がある。人間に働いている仏の心を知るには時節を待たねばならぬ意味である。おなじように縁について、それが理解できるのは人生の時節を待たねばならない。

基督教《キリスト》のほうでは縁という言葉はない。おそらく縁という言葉は基督教用語にはないであろう。しかしこの言葉がないからと言って一人の人間が多くの眼《め》にみえぬ存在に助けられて生きていることを否定するのではないだろう。いや、むしろ一人の人間が人生の本当のありかたを知るためには有形無形の生命の助けが必要なことは基督教も肯定しているのである。しかし仏教の素晴らしさはこの縁の意味を積極的にうち出すことで、人間の本来もっている存在の様式を明らかにしたことにある。

『生き上手　死に上手』（エッセイ）

「ひとつだって無駄にしちゃいけないんですよ、と子供のころ、くりかえし言われたものだった。それはパンとか蠟燭《ろうそく》のことだった。今、ぼくが無駄にしてはいけないのは、ぼくが味わった苦しみ、ぼくが他人に与えた苦しみ……」（モーリヤック『ありし日の一青年』）

私のように作家である者には、尊敬する文学者のふかい人生体験のこめられた言葉は、聖句とおなじように心の底に共感や刺激を与えるのだ。

だがモーリヤックのこの言葉を私は自分の人生と照らしあわせて次のように変えて考えている。

「ひとつだって無駄なものはないんです……ぼくが味わった苦しみ、ぼくが他人に与えた苦しみ……ひとつだって無駄だったものはないんです」

自分の人生をふりかえり、この年齢になってみると私はかつて犯した愚行も、かつて私の身に起った出来事も――たとえそれがそのまま消えてしまうように見えたものでも、決して消えたのではなく、ひそかに結びあい、からみあい、そして私の人生に実に深い意味を持っていたことに気づくのだ。

私の人生のすべてのことは、そう、「ひとつだって無駄なものはなかった」と今にして思うことができる。ひとつとして意味のなかったことはなかったと思う。

私はむかし意味もない三年を送った（と思っていた）。病気で入院した三年は私の生活にとってマイナスであり、損失であり、ダメージだった。

しかし歳月がたつにつれ、その生活のマイナスが私の人生にとってどんなにプラスであったかを知るに至った。私は手術によって七本の肋骨《ろっこつ》を失い、片肺を切りとられたが、私が獲《え》たものは七本の肋骨や片肺よりも、もっと大きなものだった。何を獲たかについてはここでは書かないけれども、少なくともその三年はあとになって意味を持ち、無駄ではなかったのである。

こうした考えはひょっとして私の信ずる基督教《キリスト》的であるというよりは仏教的であるのかもしれない。しかし仏教のふかい人間洞察に基督者といえども感動せずにはいられないことが多くある。

仏教のいう善悪不二《ぜんあくふに》というのは言いかえるならば善も悪も背中あわせになっており、悪もまた善となりうるのだから「意味があり」「無駄ではない」ということになるだろう。そう、かつて私はふるい基督教者の観点から罪は意味がないと思っていた。いや、それは違う、罪もまた意味があり、決して我々の人生にとって無駄ではないのだ。

だからモーリヤックはこう言ったのだ。「ぼくが他人に与えた苦しみ」も無駄にしてはいけないのだと……。

『生き上手　死に上手』（エッセイ）

†

私は小説家なので自分の心や人間の心を覗《のぞ》きこむことを仕事にしている。そしてそれゆえに私にも立派な宗教家ほどではなくても人間の心のなかにあるどうにもならぬこの自《じ》家撞着《かどうちゃく》をかいま見ることができた。

この矛盾や自家撞着のぎりぎりまで思い知らされた時、人は思わず自分の非力と無力とを悟り「仏よ、神よ、何とかしてください」と叫ぶのであろう。一遍上人や親鸞《しんらん》上人のような他律宗教のことを考える時、私は同時に人間の心の自家撞着を連想してしまう。

この人生のなかで何よりも我々がもてあますものは心である。心を制禦《せいぎょ》しようとして、それが本当にできたという自信のある人は私には羨《うらや》ましい。しかしその人が本当に心のなかにひそむ矛盾撞着を嚙《か》みしめて制禦したのかどうか疑わしく思うけれども。

『生き上手　死に上手』（エッセイ）

†

聖書のなかには指の話が二つ、出てくる。そのひとつは、長年の間、血漏《けつろう》という病に苦しんだ女の物語である。女はガリラヤ湖のほとりに住んでいた。多くの医師にかかり、多くの金を使ったが、病気は一向に治らなかった。何もかも失った女はすべてに絶望して、ひとりで生きていた。

その頃、イエスという人がこの湖のほとりに姿を見せた。湖畔の村から村をまわりながらその人は貧しい者を助け惨めな者を慰めていた。女はその人の噂《うわさ》を耳にしたが、彼が自分を治してくれるだろうとは少しも信じていなかった。

ある夕暮、イエスを乗せた小舟が彼女の住む村にやってきた。女は好奇心にかられ、群集にまじって強い夕陽のさす湖岸におりていった。あまたの人たちにイエスは囲まれていた。それらの人々の肩ごしに女はやっとイエスの痩《や》せて小さい体とひどく疲れた顔を見ることができた。

イエスが歩きはじめた時、突然、女の心にもし、という感情が横切った。もしやするとこの人は自分の病気を治してくれるのかもしれぬ。もしやするとこの人は自分の体を昔のように戻してくれるかもしれぬ。

だがイエスに話しかける勇気のない女は彼がそばを通りすぎた時、その衣におずおずと指を触れただけだった。

イエスはふりかえった。

「わたしの衣に今、さわった人は誰だろう」

女は不安に駆られ黙っていた。イエスをとり囲んだ弟子たちも笑いながら答えた。

「誰かがぶつかったのでしょう。こんなに人がいるのですから」

イエスは首をふった。その時、彼の眼と女の眼とが出会った。イエスは女の哀しい眼を見ただけですべてを理解した。

「もう、苦しまなくていい」とイエスは呟《つぶや》いた。「もうあなたは苦しまなくていい」

この話はルカ福音書にもマタイ福音書にも出てくる。同じ話だがルカにくらべて簡潔なマタイのほうが私は好きだ。もう数えきれぬほど読みかえした。

もうひとつの物語は弟子トマの話である。イエスが死んだあと、信じられぬ出来事が起った。葬られた墓からその死体が忽然《こつぜん》と消えたのである。そして何人かの弟子たちの前に復活したイエスが姿を現わし、師を見棄てて四散しようとした弱い彼等に語りかけたのだ。彼等は転ぶように駆けて、他の仲間にそれを告げにいった。話を聞いた者たちはあまりの出来事に茫然《ぼうぜん》としたが、一人、このトマだけは嘲《あざけ》り笑った。

「俺は信じぬ」

目撃者たちはだが頑《かたく》なに自分たちはイエスを見たと言いつづけた。

「俺は信じぬ」トマは強情に首をふった。「この眼であの方の手に釘《くぎ》の跡を見るなら信じもしよう。その傷にこの指を入れるならば、俺も信じよう」

八日後の夜、トマは弟子たちとある部屋に集まっていた。戸はかたく閉じられていた。だが背後で何かの気配がしたので一同がふりかえるとそこにイエスの姿があった。

「さあ」とイエスは哀しげに話しかけた。「あなたの指をこの手の傷口につけるがいい。槍でつかれたこの脇腹にもさわるがいい。私はあなたに信じてほしいのだ。そして見て信じるよりは見ないでも信じる人になってほしいのだ」

トマはただちに泣きながら答えた。

「主よ、私の主よ」

この話も私は数えきれぬほど読みかえした。読みかえすたびにこの二つの物語に出てくる二本の指を思いうかべた。

『母なるもの――指』（小説）

神父の使命

映画なんかで、人が死を迎える時、ベッドの横に神父が立って、何か言ってる場面を見たことがあると思います。あれをカトリックの場合、終油《しゅうゆ》の秘蹟《ひせき》というのです。

医者が、明日ぐらいですねって、病人の様子を家族に告げると、家族は神父を連れて来ます。その神父は、日本の、一般の檀家と和尚さんのような関係ではなく、その神父さんと病人も家族も平生からつきあっていて、よく知っているわけです。神父が病室に入ると家族は外に出て、病人と二人だけになり、これまでの罪の告白をします。

神父はこうしてほしい、ああしてほしいと病人がいうことを聞いてもあげます。遺言のような場合もあります。神父は精神的に慰めるわけです。一緒にお祈りをしてあげるのです。それが終油の秘蹟です。

これは日本の『往生要集』みたいなもんです。死を恐れることはない、安心しなさい、大丈夫です、あなたとともに私がお祈りをしてあげます、などと言って、精神的な支援をするわけです。

　西欧の病院では患者の求めがあった時に部屋をたずねる神父や牧師が待機しています。無理矢理に説教するというのではないんです。

　私の友人の息子が、アメリカへ留学していて、スキーに行ってコテッジの窓から落ちて腰を折ったため、神経が切れてしまい、一生車椅子の生活をしなければならなくなったんですね。当人はそれを知らなかったのです。

　お父さんとお母さんが向こうへ行ってそれを知らされたわけですが、息子にそれを告げることができなかった。

　その時そこにいた神父さんが代わって、君はもう歩くことができないんだっていうことを言ってくださったそうです。その言い方が非常によくて、青年も素直にそれを聞いて納得したそうです。青年もえらかったのですが、そういう役割をも神父さんがします。

『死について考える』（エッセイ）

†

　最初の日本人としてこのエルサレムをたずねたペドロ岐部《きべ》が何を思い、何を考えたか、私は切に知りたい。

それについて何ひとつ彼自身は書いていないが、この青年の心にエルサレムの街でイエスの死の意味がのぼらなかった筈は絶対にない。イエスは彼が愛した者に裏切られて死んだ。イエスは彼が愛した者たちに命を捧げて死んだ。基督信者《キリスト》なら当然、知っているこのイエスの死の模様を、処刑場ゴルゴタの跡である聖墳墓教会のなかでも繰りかえし繰りかえし考えたならば、彼は日本の信徒を見棄《みす》ててここまで来た自分の心を、ふたたび嚙《か》みしめた筈である。

彼の目的は神父になることである。だが神父になるということはイエスに倣《なら》うことであり、イエスの跡を追うことである。イエスに倣うことが神父の使命ならば、ペドロ岐部もいつの日か日本信徒のために命を捧げねばならぬ。つまり神父になったその日から、彼の運命ははっきりと決るのである。

彼は迫害下の日本に戻らねばならぬ。そして潜伏宣教師と共に日本信徒たちに勇気を与え、その苦しみを慰め、そして場合によってはイエスのように苛酷《かこく》な死を引き受けねばならぬのだ。

『遠藤周作文学全集10　評伝1』（エッセイ）

†

なんのためにこのような苦しい旅を続けるのか。彼が今やろうとしていることは、勝目のない戦いに向うようなものだった。

仙台にたどりつけたとしても、そこでも長崎でと同じように危険で秘密の生活が待っているだけである。そして当局はその長崎でも実行したように、やがては徹底的捜索にのりだしてくるだろう。

いつかは捕まることは明らかであり、いつかは殺されることも確実なのだ。そしてそのまま生活がどんなに苦しくても、また逮捕されたのちどんな苛酷な拷問にかけられても、ペドロ岐部には自殺は許されない。教会は自殺という安易な人生放棄を禁じている。いかに苦渋にみちても、いかに醜悪なものでも、人生を最後まで味わいつくすことを要求している。

処刑場に向うイエスは人生というその重い十字架を最後まで決して放棄しなかった。神父たる者はイエスに倣《なら》い、自殺によってその肩から人生の十字架を棄ててはならぬのだ。

にもかかわらず、ペドロ岐部がこの勝目のない戦いのため東北に逃亡したのは、第一に彼が信徒たちと苦しみをわかちあうためだった。

第二には自らの無償の生涯と酬《むく》われざる死によって、本当の基督教《キリスト》とはただ愛のためにだけあることを証明したかったのだ。

当時の多くの日本人が誤解しているように、本当の基督教は異邦人の国や土地を蹂躙《じゆうりん》し、奪うような宗教ではないことを示したかったのだ。

そして植民地獲得に狂奔するヨーロッパの基督教国民の行動とイエスの教えとは何の関係もないことを残り少い自分の人生を賭《か》けて同胞に見せたかったのである。そう。これが切支丹迫害下の日本人神父の使命であり義務だった。少くともペドロ岐部は長い世界への旅の往復、この考えを持つに至った。

それがあの植民地主義時代、そのために基督教弾圧が起った日本での邦人神父が証明せねばならぬ使命だと考えたのである。

『遠藤周作文学全集10　評伝1』（エッセイ）

［愛について］

愛は見捨てない

奇跡が起きるところ

人間というのは悲しいもので、現実に奇跡が起きて、それを見ていなければ、奇跡というものを信じません。奇跡というのは、人のできないような力が働いて、人ができないようなことをやることを奇跡だと思います。

私もアウシュヴィッツへ行って、収容所を見ましたけれど、二百万人も殺したようなガス室や、いたるところに拷問《ごうもん》室があったりしました。脱走する者がいると、見せしめのために一人の脱走者について十人ぐらい殺されるんです。

十四号棟というブロックの建物の中に、いまでも保存されているのですが、八畳ぐらいの部屋が二つありまして、一つが飢餓《きが》室、一つが窒息《ちっそく》室なんです。窒息室というのは、窓も何もなくて、その中へ一度にたくさんの人間を入れてしまうのです。ドアを閉めてそのままにしておくと、多数の人間の呼吸によって酸素はどんどんなくなっていくでしょう。それで全部窒息するまでほうっておくから、壁に苦しくてつけたつめの跡が幾つも残っていました。

その隣りが、コルベ神父が死んだ飢餓室で、そこに閉じこめたまま一滴の水さえも与えないのです。

ドアのところに小さな丸い穴があって、そこから看守が毎日のぞくのです。一人の脱走者があって、そのために十人を任意に選んで飢餓室に入れることになったのですが、そのうちの一人の男が、泣き始めたら、列の中からコルベ神父が出てきて、「私は神父だから、女房も子供もない。この人には女房、子供があるから、私を身代わりにしてください」と言って、代わってみんなと一緒に飢餓室へ入れられて、次から次へと死んでいくのですけれど、コルベ神父は日本に来ていた時も結核だったんですが、それでも比較的最後まで生きていたのです。生き残った人には石灰酸《せっかいさん》の注射をして殺したのです。

こういうコルベ神父のようなことは、私にはとてもできないし、考えただけでもこわくなります。

人の身代わりになって死ぬということは、われわれ常人には到底できないことです。しかしそういう愛の行為をコルベ神父はやった。それを私は奇跡だと言うのです。なぜなら奇跡とは常人のできぬ愛の行為だからです。「ひと友のために死するより大いなる愛はなし」というヨハネによる福音書の言葉を神父は実践した。そして一番苦しい残酷な刑で死んでいったのです。

そういうことを私は奇跡というのですが、そういうことが現実にある以上、そういうことが信仰によってできるのだ、それができたということは、病気を治すといったようなことよりもっと大きな奇跡が現実にあるのだ、と私は思います。私は、奇跡とはそういうものだと考えます。

病人を治したという奇跡も、治してやりたいというのは、愛であって愛の力で治しているわけだから、愛の力で人のために自分が死んだのも奇跡です。

『私にとって神とは』(エッセイ)

†

人間の苦痛というものには、かならず孤独感というものがつきまとっているということです。卑近《ひきん》な話をすれば、もし、あなたが歯が痛くて眠れなかった夜があったとすれば、その夜を思い出してください。

歯が痛かった夜というのは、全世界の中で自分だけが歯が痛い、と思って苦しむのです。全世界の中で歯が痛い人間はごまんといるにもかかわらず、歯の痛い人間というのは、自分だけが歯痛に苦しんでいる、と思います。

それと同じように、ある不幸な目に遭《あ》った人は、かならずひとりぽっちでそれを悩んでいる、と思いつめているのです。これは、精神的な苦痛だけでなく、肉体的な苦痛の場合でも同じことです。

だから、その肉体的な苦痛の場合、誰かがじっと手を握って側《そば》にいてくれれば、苦しみの五〇パーセントを占めている孤独感は消えるのです。ということは、苦痛の中に占める精神的な苦痛の部分である孤独感がなくなり、肉体的な苦痛だけになり、痛みは半減してしまうことになるのです。

だから、手を握ってもらえば、人間の痛みはだんだん鎮まっていくのです。私は体験を通して、このことがわかりました。

イエスは、病《やまい》に苦しんだり、悲しみに打ち沈んだ人々の横にいて、つねに手を握ったわけです。そして、その行為にこそ、奇跡物語の本質的な問題があったのです。

私は、イエスが病人を治したというような奇跡物語を、イエスが肉体的な苦痛を治したということよりも、それに伴う人間の孤独感というものを分かち合おうとしたこと、そこに大切な問題があるのだと思って読むことにしています。

私がそういうふうに読むようになったのは、私の病気の体験以後のことでした。そして、その日から奇跡物語も、私にとってはひじょうに意味のあるものになったのです。

『私のイエス』（エッセイ）

愛の神、神の愛——それを語るのはやさしい。

しかしそれを現実に証《あかし》することは最も困難なことである。なぜなら「愛」は多くの場合、現実には無力だからだ。現実には直接に役にたたぬからだ。現実は神の不在か、神の沈黙か、神の怒りを暗示するだけで、そのどこに「愛」がかくれているのか、我々を途方に暮れさせるだけだからだ。

†

イエスは民衆が、結局は現実に役にたつものだけを求めるのをこの半年の間、身にしみて感じねばならなかった。彼は愛の神と神の愛だけを説いたのに、それに耳傾けたのはごく少数の者にすぎなかった。弟子たちでさえ、彼の語っていることの真意を理解してくれなかった。弟子も民衆も「愛」ではなく、現実的なものしか彼に求めてこなかった。盲人たちは眼の開くことだけを、跛《びっこ》は足の動くことだけを、癩者は膿《うみ》の出る傷口のふさぐことだけを要求してくるのだった。

共観福音書やヨハネ福音書に記述されたおびただしいイエスの奇蹟物語は私たちに彼が奇蹟を本当に行ったか、否かという通俗的な疑問よりも、群衆が求めるものが奇蹟だけだったという悲しい事実を思い起させるのである。そしてその背後に現実的な奇蹟しか要求しない群衆のなかでじっとうつむいているイエスの姿がうかんでいるのだ。

イエスはこうした病人や不具者を見棄てられはしなかった。むしろ、弟子たちと共に、人々が忌《い》み嫌《きら》う癩者たちの谷も訪れ、マラリヤに苦しむ男の小屋もたずねていかれたことが聖書にはっきり書いてある。

当時癩者《らいしゃ》たちは頭の毛をそり、特別な服を着て、町や村から離れた場所に住まわされた。人がそこに近づくと、彼等は警告の声をあげる。棄てられた彼等の住む山かげや谷をイエスは歩かれた。彼は癩者をもとの体にしてやりたかった。盲人の眼も見えるようにしてやりたかった。跛も歩かせてやりたかった。子を失った母親に、子を戻してやりたかった。

しかし、それが出来なかった時、彼の眼には悲しみの色が浮んだ。彼は癩者や不具者の手を握り、彼等の苦痛やみじめさを引きうけたいとひたすら願った。彼等の苦しみをわかちあうこと、彼等の連帯者になることはイエスの願いであった。だが癩者も不具者もただ治ることだけを望む。治してくれとイエスに訴えてくる。

「汝等《なんじ》は徴《しるし》と奇蹟を見ざれば信ぜず」（ヨハネ、四ノ四十八）

あまたの奇蹟物語のなかに福音書が残しているイエスの次のような叫びを、我々はどう受けとめればいいのだろうか。

「汝等は徴を求めるが預言者ヨナの徴のほか、徴は与えられぬのだ」（マタイ、十二ノ三十九）

「人間たちはどうして徴を求めるのだろう」（マルコ、八ノ十二）「見ずして信ずる人こそ幸いなのに……」（ヨハネ、二十ノ二十九）

福音書が残しているこれらのイエスの悲しみの言葉にリアリティがあるのは、彼の前にあらわれる人間たちが「愛」ではなく、徴と奇蹟とを――現実に効力のあるものだけを願ったという事実に基づいて書かれたからにちがいない。

『イエスの生涯』（エッセイ）

†

荒野でのきびしい修行のあとに、聖書が春のカナで行われた楽しげな結婚式の場面を書いているのは、まことに象徴的である。荒野の非人間的な暗い場面とこの人間的なあかるい場面とを対比させることで、聖書作家たちはイエスの抱いた愛の神、神の愛の信仰を強調したかったのである。

荒涼たるユダの荒野にくらべて、このカナの光景はなんと楽しく、悦《よろこ》びに充ちていることか。

「イエスの信仰と洗者ヨハネのそれはどこが違っているか。ヨハネのものは古い威嚇《いかく》的な意味での重荷、あるいは滅亡だった。しかしイエスのそれは悦ばしき知らせだった」

とハニターが書いている通りなのである。

イエスは、この結婚式ではじめて奇蹟を行った。酒がつきたのを知った母マリアがそっとイエスに教えると、彼は甕《かめ》に水を入れさせ、その水を葡萄酒に変えてみせたのである。

この奇蹟が象徴的だというのは、「水を葡萄酒に変える」ように、イエスはこの後、それまでの旧約的なユダヤ教の信仰を新約的な宗教に変えたことを、この物語が暗示しているからだ。

怒りの神、裁《さば》きの神、罰の神は、イエスによって愛の神、許しの神に変えられていく。その旧約から新約への本質的な変化をカナの奇蹟の物語は語っているのである。

『イエス巡礼』（エッセイ）

†

町の城壁の外にあるゴルゴタという荒地へ連れて行かれて、十字架にかけられ、イエスが最後に言った言葉は聖書に書いてあります。それが前に申しましたマタイによる福音書、マルコによる福音書の「主よ、なんぞ我を見捨てたまうや」です。ルカによる福音書では「すべてを委《ゆだ》ねたてまつる」となっていますが、その前に、「彼らはそのなせることを知らざればなり」という言葉があります。

彼らを許したまえという中には、自分を捕えた者以外に、自分を裏切った者を許してやってくださいという意味が含まれているわけです。弟子たちは、イエスは彼を見捨てた自分たちを恨んでいるだろう、神にあいつらを罰してくださいという言葉を言うだろうと思っていたのですが、罰してくださいの代わりに、彼らを許したまえという言葉が出てきたのです。

弟子たちはものすごいショックだったろうと思います。

これが第一段階のショックになって、あのイエスという人は一体何者だったのだろうと考え始める。いままで彼らはいろんなイメージをイエスに対して持っていたわけです。あの人を守《も》り立てて、ローマを駆逐し、ユダヤ人の世界にしようという考えを持っている熱心党と言われる当時の全学連のような考えの者も、十二使徒の中に入っていました。シモンという弟子がそれです。

そのほか、いろんな考えや思惑から入ってきていて、イエスが本当は何を教えていたのか知らなかったのです。教えていることは結局は「愛」だったということを知らなかったわけです。イエスはその「愛」を最後の死の苦しみのなかで身をもって教えようとしたのです。身もだえしながら「愛」を施《ほどこ》そうとしていたことがわかって、弟子たちは大きなショックを受けたわけです。

やがて、彼が教えていたのは、地上的な効果ではなくて、もっと違ったものじゃないかという考えが弟子たちの中に芽生えてきます。そしてあの人は一体何者だったのだと考えることが彼らの心の中にふくれあがります。こうしてイエスが少しずつキリストになっていくわけです。

イエスはいままでいろんなことをしていたけど、土壇場で全部ひっくり返してしまって、自分の真意、本当に生涯をかけたものを死んだ後に弟子たちに全部植えつけたのです。弱虫であった使徒たちが最後には強虫になって、逆さ吊《さかづ》りにあって殺されるようになるまでの堅い信念を植えつけられ、キリスト教というものをついに確立したのですから、これこそ最終的なもっとも大きい奇跡だと考えざるを得ません。

『私にとって神とは』（エッセイ）

無力ゆえにその存在は強くなった

ガリラヤという、小国ユダヤの更に小さなパレスチナの田舎に育った大工はその短い生涯において弟子たちには遂に摑《つか》みえなかったふしぎな師だった。

彼が何者であるかを彼等は師の死まで理解できなかった。弟子たちが彼を摑めなかったのは生きている間、我々が人生が何かを理解しえないのと似ているのかもしれぬ。なぜなら彼は人生そのものだったからである。

更に我々が生きている間神を把《とら》えられぬように、弟子たちにとってイエスはふしぎな人だったのである。彼の生涯は愛に生きるだけという単純さをもち、愛だけに生きたゆえに、弟子たちの眼には無力な者とうつった。

だがその無力の背後に何がかくされているかを彼等が幕をあげて覗《のぞ》くためにはその死が必要だったのである。

『イエスの生涯』（エッセイ）

イエスは結局、何もしなかったのか。イエスは結局、無力なままだったのか。神は沈黙し、空は鈍《にぶ》く、イエスの死は結局、現実に無能な役たたずの男の死にすぎなかったのか。

†

弟子たちがこの問題にぶつかった時、彼等の大部分はただ落胆と失望とを嚙《か》みしめるより仕方なかったようである。

エルサレムの周り、おそらくベタニヤのあたりに身をかくして師の運命のなり行きを見守っていた彼等は、イエスが遂に無力なまま死んだと聞かされた時、うなだれながら、それぞれ各自の故郷に引きあげていったにちがいない。

ルカ福音書だけに書かれているエマオの旅人たちの寂しい物語――それはこの時の弟子たちの落胆と失望とを伝えている。エルサレムから三里隔《へだ》たったエマオという寒村、その村に向う道は今日でも荒涼とした岩山の間をぬっているのだが、黄昏《たそがれ》、その道を二人の弟子が力なく、足を曳《ひ》きずり「起りたるすべてのことを語りつつ」（ルカ、二十四ノ十四）歩いていく。

「われらは彼こそイスラエルを贖《あがな》うべき人なれと待ちもうけおりしが、これらのことありて、今日ははや三日目なり」

にもかかわらず、何故《なぜ》か、彼等はイエスのことを心から消すことができぬ。イエスを見棄てたことの悔いと悲しさを忘れることができぬ。彼等はそれを無力だったイエスのせいだと思おうとするが、その自己弁解にもかかわらず、イエスの存在は生前よりかえって彼等に強くなっていく……。

『イエスの生涯』(エッセイ)

†

「受難物語」の最大の特色はこの無力なるイエス、無能なるイエスを前面に大胆にもおし出している点にある。それまでのイエスは聖書の書き手によれば、数々の力ある業を行い、病人たちを癒《いや》し、死者を甦《よみがえ》らせ、そして叡智《えいち》ある言葉を語られた。群衆や弟子たちにとっては頼もしい預言者であり、師であることが多かった。

もちろんガリラヤの夏の終りから彼は人々に裏切られ、時にはナザレの崖で殺されかけた時もあったが、その折も「受難物語」にみられるようなイエスの無力な姿を決して聖書作家たちは記述していない。

「受難物語」までのイエスは「神の国に近づいた」福音(悦《よろこ》ばしき便り)を人々にもたらす栄光を背に背おった方であり、決して兵士たちの鞭と群衆の嘲笑や唾をうけながら、何もしない、何もできない、みじめな無抵抗者ではなかった。

だが我々は知っている。

このイエスの何もできないこと、無能力であるという点に本当のキリスト教の秘儀が匿《かく》されていることを。そしてやがて触れねばならぬ「復活《ふっかつ》」の意味もこの「何もできぬこと」「無力であること」をぬきにしては考えられぬことを。そしてキリスト者になるということはこの地上で「無力であること」に自分を賭《か》けることから始まるのであるということを。

『イエスの生涯』（エッセイ）

†

なぜ人々はイエスを見放したのか。あれほど歓呼して迎えたイエスをなぜ追放したのか。見放し、見棄てるどころか、ナザレの街では崖《がけ》から落そうとまでしたのか。

その答えはさまざまあって一言では言いにくいが、確かなことは人々がイエスに幻滅《げんめつ》したからである。人々はあることをイエスに求めた。しかし、そのあることにイエスは応えられなかった。それゆえ人々は期待を裏切られ、怒り、彼を見放したのである。

そのあることとは何か。私はそれをこのイエスの生涯のなかでささやかながら観望してきた。ガリラヤでは人々は彼を民族主義運動のリーダーにしようとした。もしくは反ローマ運動のメシヤに持ちあげようとした。そうした期待にイエスは応えなかった。

逆に彼はあの山上の説教の「幸いなるかな、心貧しき人、幸いなるかな、泣く人」という言葉によって人々の期待を拒否したのである。また、ある者はイエスに奇蹟だけを求めようとした。

ガリラヤでの数多くの奇蹟物語を読むと、我々は逆に奇蹟などはイエスの体から血のように溢《あふ》れる愛にくらべ、どんなにみすぼらしいものかがわからず、奇蹟だけを求めようとしたことを感ずるのである。その奇蹟がいつまでも行われなかった時、群衆は裏切られたと思い、幻滅を感じた。

この日から人々にとってイエスは力ある人ではなく、無力なイエスと変った。現実世界にいかなるものももたらさず、奇蹟も行えぬイエス。だが彼等はイエスが現実に無力であることによってイエスそのものであることを遂に知ることはできなかった。彼等だけでなく弟子たちまでが、その無力のイエスの意味を摑《つか》むことができなかった。人々と同じように一時は数多かった弟子たちも一人去り、二人去り、つき従うものは一握りの男と女だけであったことは聖書に書かれている通りである。

だが受難物語はガリラヤ布教や奇蹟物語とはちがい、徹底的に現実において無力であるイエスを描写している。

衆議会の嘲弄《ちょうろう》の前で、ピラトの訊問《じんもん》にたいし、ローマ兵士と群衆の暴行のなかでイエスは何ひとつ行わず、何ひとつ逆らわなかったし、神もまたその彼を助けにこなかった。イエスはその無力をここではっきり見せたのである。血と汗にまみれ、痩《や》せた肩に十字架を背負いゴルゴタの処刑場に歩くことしかされなかったのである。

にもかかわらず受難物語はこのイエスの無力を積極的に肯定しながら、その無力の意味を我々に問うているのである。イエスが現実において無力であるゆえにイエスであることを示しているのである。

『イエスの生涯』（エッセイ）

†

聖書のふかい問題は逆にそこから始まる。

無力だったこのイエスがなぜその死後、神の子とみなされたのか。彼が十字架にかけられた時、見棄てて逃亡したあの弟子たちがその後なぜ、命をかけてイエスの教えを広めようとしたのか。イエスはなぜ無力なるイエスから栄光あるキリストに変ったのか。弱虫だった弟子は何故《なぜ》、強い信念と信仰の持主になったのか。

聖書が我々に突きつける深い疑問は、ここにある。もし最初からイエスがこの地上で人々に理解され、愛され、力ある存在だったなら、このような謎《なぞ》と課題と疑問は我々に起きなかったであろう。イエスがその生涯で人々の眼に無力な人間に見えたからこそ、この課題は重要な意味を持ってくるのだ。

エリオットは『寺院の殺人』のなかでキリスト教徒の言葉には現世的な言葉と次元の違う意味があると語っている。

たとえば地上的な意味での幸福とキリスト教徒のいう幸福の意味とは本質的に違うで

あろう。そして地上的な意味での無力も、キリスト教の世界のなかでは決して無力ではなかったのだ。

『キリストの誕生』（エッセイ）

愛はたやすくない

愛は決してたやすくはない。彼は日本で年下の同僚にきびしい修道生活を求めたが、その善意が逆に何人かの若い修道士を傷つけてしまった。その時、愛でやったことが、逆に他人の心をかえって深く深く傷つけることを彼は知った。

『女の一生　二部・サチ子の場合』（小説）

†

「神父さん。俺は天国は信じんが、地獄のほうは信じるぜ。この収容所が地獄だ」

「まだここは地獄じゃない。地獄とは……ヘンリック、愛がまったくなくなってしまった場所だよ。しかしここには愛はまだなくなっていない」

「愛がなくなっていない？」とヘンリックは憤然《ふんぜん》として、「どうして、そんなことが言える」

「昨日、私は一人の囚人がもう一人の体の弱った囚人に、自分のパンを半分わけているのを見た。一日たった一つしかもらえぬあのパンをだよ」

「信じられない」とヘンリックは首をふった。

「そんなことはこの収容所でありっこない」

「いや。それがあったんだ。私はそれを見て人間がまだ信じられると思った。人間はどんな時にでも自由が残されていると思って、自分が恥ずかしくなった。あの人は弱った仲間の前で自分のパンを全部たべて当然だったんだ。それなのにあの人は与えたんだね。どんな、ひどい状況や事情のなかでも——人間は愛の行為をやれるんだね。私はそう思ったよ」

「俺に……なぜそんな話をするんだ」

とあとずさりしながらヘンリックは神父をにらんだ。

「あんたが人間を信ずるのは勝手だ。だが俺はここでは他人は信じない。信じれば、いつやられるかわからない。あんたがその立派な男をみて、自分のパンをくたばりかけた野郎にやるならやるがいい。しかし誰も感心しないぜ。お前のことを偽善者のセンチな甘い馬鹿野郎だと言うだろう。愛なんてやさしいものさ。俺だって何人の女に愛を口にしたかわかりゃしない」

「ヘンリック、しかし愛はたやすくないのだよ」

コルベ神父は悲しそうな眼をした。　　『女の一生　二部・サチ子の場合』（小説）

†

「あれか、あれはさっき、お前と別れた連中の死体が燃やされている煙さ」

ヘンリックたちは快感をこめてこの言葉を新入りの顔にたたきつける。その快感のなかには、この男を自分たちと同じ地獄に引きずりこむ悦びがあった。驚くがいい。苦しむがいい。俺たちは毎日毎日、この地獄の生活をやってきたのだ……。

にもかかわらずヘンリックは生きのびていた。エゴイズムと生存の智慧《ちえ》とを使いわけて、彼は衰弱死していく仲間のなかで生き残っていた。ちょうど秋にあらかたの虫が息たえても、まだ動いている生命力のある虫のように……。

（俺はどんなことがあってもここでは死なん）

彼は毎日、自分にそう言いきかせた。言いきかせることで自分の力を燃やそうとしていた。

そんな頃、彼と寝台を共にしている男が目だって衰えてきた。顔に白い粉のようなものが吹き出て、皮膚がカサカサになり、腹だけが奇妙にふくらんでくる。栄養失調で死ぬ一歩手前であることはもうヘンリックたちにわかっていた。

やがて彼は作業中、よろめき、貧血を起し倒れるようになった。カポーが撲《なぐ》り、蹴り、立たせた。ヘンリックはそのあわれな姿をシャベルを動かしながら見ていた。

(あの男に、君のパンをやってくれないか)

この時、突然、彼の耳に思いがけぬひとつの声がきこえた。ひくい囁《ささや》くようなその声は聞きおぼえがあった。コルベ神父の声だった。

(あの男は死ぬかもしれぬ。君のパンをやってくれないか)

ヘンリックは首をふった。今日あてがわれたたった一つのパンを他人にやれば、倒れるのは自分だった。

(俺はいやだ)

(あの男は死ぬかもしれぬ。だから死ぬ前にあの男がせめて愛を知って死んでほしいのだ)

哀願するようなコルベ神父の声。ヘンリックはその時、八月の夕暮、身がわりになるために列外にのろのろと進み出た神父の猫背を思いだした。

ヘンリックはパンをその男にやった。男は眼にいっぱい泪《なみだ》をためて「ああ、信じられない」とつぶやいた。ヘンリックができた愛の行為はこれだけだった。それでもヘンリックは愛を行った。

『女の一生　二部・サチ子の場合』(小説)

その時、コルベ神父たち四人の死が第十四号棟の囚人たちに伝えられたのである。

誰が、どこから知らされてきたのかはわからない。だが囚人たちは収容所のなかの出来事だけは意外に早く、敏速に知ることができた。

†

「コルベたちが……死んだ」

「コルベたちが……死んだ」

知らせは伐採している者から、トロッコを押す者に、トロッコを押す者から湿地帯で働いている者に次々に伝達されていった。

瞬間、一瞬だけだが、ふかい沈黙と静止とが小波《さざなみ》のように全員に拡がった。ある者は眼をつむり、ある者は口のなかでなにかを呟《つぶや》いた。だがそれは一瞬で、あとは何事もなかったように労働が続けられた。

労働をつづけながらも、一人一人が心の底の一番ふかい部分に、何かが通りすぎていくのを感じた。大きな鳥の翼の影が山の斜面を通りすぎるように、コルベ神父の死の知らせは、トロッコを押す者、鋸《のこぎり》をひく者、シャベルを動かす者の胸の底に、何かを与え、何かを残し、そして消えていった。

その何かがなんなのかは誰一人言えなかった。それは言葉で言いあらわせるものではなかった。ただそれを受けた第十四号棟の囚人たちは夕方まで黙々と、口数も少なく働きつづけた。

夕暮になった。

西のほうの地平線が今日も薔薇色《ばらいろ》にそまった。「作業終了」の笛があちこちで鳴り、囚人たちは自分たちの掘った穴から這《は》いあがり、点呼を受けるため整列をした。彼等の前面には燃えあがる空と、夕陽をうけた城のような雲が拡がっていた。囚人たちが番号を叫んでいる間、うるんだ硝子玉《ガラスだま》のような夕陽が少しずつ落ちていった。

「ああ……」

と一人の囚人がつぶやいた。

「なんて、この世界は……美しいんだ」

みんな黙っていた。ああ、なんてこの世界は美しいのだろう。昨日までこの世界は愛もなく悦《よろこ》びもなかった。ただ恐怖と悲惨と拷問と死しかない世界だった。それが今日、この世界はなんて美しいのだろう。

彼等はその世界を変えてくれたものがわかっていた。愛のない世界に愛を作った者を……。

それから長いあいだ――、
収容所のなかでヘンリックの記憶の底から、あのこわれた丸い眼鏡をかけたコルベ神父の顔がたびたび浮びあがった。

『女の一生　二部・サチ子の場合』（小説）

愛は誰をも見捨てない

彼女はその日、群衆に交って一人の受刑者の苦しみ歩く姿を見た。彼女は別にこのキリストがどういう人であるかは知らなかった。それでいいのです。

ただ、その時、この女の心には胸のしめつけられるような烈しい憐憫《れんびん》の情が溢《あふ》れてきた。その感情はもはや周囲の人々の罵声や兵士たちの暴力や妨害をこえて、この苦しんだ男に手を差しのべた。それでいいのです。

なぜなら、このキリストの殉難の日の記録をよむ時、ぼくらはやはり人間や群衆のもつ、どうにもならぬ兇暴《きょうぼう》な気持や弱さに言いようのない苦しさを感じるからです。それはあの戦争の時と同じような場面や同じような人間心理を連想させるからです。この怖しい雰囲気の中で一人だけ、人間をかばおうとした女がいたことは、ぼくたちをホッとさせずにはいません。ヴェロニカの小さな存在は、社会や群衆がどんなに堕落しても、人間の中にはなお信頼できるやさしい人のいることをぼくたちに教えてくれるようです。

『聖書のなかの女性たち』（エッセイ）

†

フランス自然主義文学の先駆者であるフローベルという作家の短編に、こういう話があります。

冬の寒い日に聖人が道を歩いていた。すると、そこに癩病を患《わずら》った乞食がいた。寒いので、その乞食は聖人に、あなたのマントをくれと言った。聖人がマントを与えると、その乞食は服もくれと言う。服をやると、今度は下着もくれというわけで、聖人はとうとう裸になってしまったのです。

ところが、その癩病を患った乞食は、それでも寒いと言って、おまえの体で温めてくれと要求する。そこで、聖人が抱きしめてやると、もっと強く抱きしめい、もっと強く抱きしめい、と言い出した。聖人が強く強く抱きしめていると、その乞食が、いつの間にか変じて、イエスになった、というのです。

私は、この短編を慶応《けいおう》の予科で習ったわけですが、そのとき私は、「馬鹿馬鹿しい。フローベルは阿呆と違うか」と思ったものです。

しかし、私が今の年齢になって、フローベルの本を読み返してみて、この癩病というのは人生だ、ということがわかったのです。人生というのは、膿《うみ》が出たり汚らしいことが多く、もともと癩病みたいなものなのです。

その汚いものを棄てずに抱きしめておけ、そうすれば、それが光を放つもの、イエスというもの、イエスというのは愛ということですから、愛というものになりますよ、とこの短編は教えているのです。まさにそのとおりだ、と私も思います。

きれいなものに心惹《ひ》かれるという感情、これは情熱です。しかし、愛というのは〝棄てない〟ということではないでしょうか。自らの選んだ女や、自らの生きている人生を途中で棄てるような人は、私はやはり愛がないと考えるのです。

『私のイエス』（エッセイ）

†

神は、それらの人生をただ怒ったり、罰するためだけに在《あ》るのでしょうか。神は、それら哀《かな》しい人間に愛を注《そそ》ぐために在るのではないのか。

『私のイエス』（エッセイ）

†

彼女のはじめたこの「死を待つ人のホーム」は今日まで三万人の人々を収容した。そしてテレサとその弟子たちの必死の努力にかかわらず半数の人が死んでいる。

半数の人が死んだから彼女たちの努力が徒労であり、無駄だったとは誰も考えない。これらの人たちはマザー・テレサたちに会わなければ「誰からも捨てられて愛されなかった」という、人間にとって最も悲惨のなかで死んだにちがいないからだ。「今日の最大の病気は」とマザー・テレサは言っている。「自分はいなくてもいい、誰もかまってくれない。皆から見捨てられていると感じることである」

そしてテレサたちはこの最も悲惨な病人たちがこの世界で一人ぽっちではなかったことを信じさせたのである。

彼女は一九七九年にノーベル平和賞を受けたが、そんな栄誉はこの聖女の念頭にはまったく関心を起さなかったらしい。賞金もパーティーの料理も彼女には自分が救わねばならぬ人々のためにあるべきだと考えたのである。そして彼女は自分の伝記や研究――、今、私が書いているような紹介文さえ嫌う人だと聞いている。

「キリストは生きておられる間に書かれなかった。それでいて地上最大の仕事をなさった」と彼女は言っている。そして彼女が今やっているのは「あのおかたの仕事だと知っています。わたしの仕事だったら、わたしと一緒に死ぬでしょうが、あのおかたのお仕事なら生きつづけます」

彼女のこの言葉はキリスト信者ではない日本人には少し距離感があるかもしれない。しかし彼女の心をかくも動かしている愛について疑うことは誰もできないだろう。

『春は馬車に乗って』（エッセイ）

「苦しいのは体のことじゃなくってよ。二年間のあいだにあたしはやっとわかったわ。苦しいのは……誰からも愛されぬことに耐えることよ」

『わたしが・棄てた・女』（小説）

†

†

彼女は配給所から家に戻ると、子供の時から大事にしていたあのチョコレートの箱をとり出す。そのなかには今でも彼女にとって貴重なもの——たとえば修平からの手紙などがいれてある。もちろん、あの御絵もそのなかにしまってあった。

「人、その友のために死す。これより大いなる愛はなし」

その聖書の言葉を印刷した聖母マリアの御絵——それがサチ子にとってただ一つ、コルベ神父の遺品となった。

「これより大いなる愛はなし……」

愛とは一体なんだろう。彼女は修平にそういう言葉でいわれている感情を持っていると思ったが、ここに書かれている愛とは違うのかもしれぬと思った。

チョコレートの箱のなかにはまた、彼女が修平からもらった佐藤春夫詩集のなかから、好きな詩をうつした紙も入っていた。

　われ心からなるまことの愛を学びえたり
　そは求むるところなき愛なり

愛とは一体なんだろう。彼女は今日まで、神父さまたちから愛とは他の人々を倖《しあわ》せにしてあげることだときかされていた。友を倖せにしてあげるために自分の命も捨てる。「それほど大きな愛はないのだ」とこの御絵には書いてある。そして佐藤春夫の詩は「求めることのないのが本当の愛だ」と言っている。

『女の一生　二部・サチ子の場合』（小説）

†

私はさきほど愛徳とは、一時のみじめな者にたいする感傷や憐憫《れんびん》ではなく、忍耐と努力の行為だと生意気なことを申しましたが、ミッちゃんには私たちのように、こうした努力や忍耐を必要としないほど、苦しむ人々にすぐ自分を合わせられるのでした。いいえ、ミッちゃんの愛徳に、努力や忍耐がなかったと言うのではありません。彼女の場合には、愛徳の行為にわざとらしさが少しも見えなかったのです。

私は時々、我が身と、ミッちゃんをひきくらべて反省することがありました。『汝、幼児《おさなご》のごとく非《あらず》んば』という聖書の言葉がどういう意味か、私にもわかります。『伊豆の山々、日がくれて』という流行歌が好きで、石浜朗の写真を、自分の小さな部屋の壁にはりつけている平凡な娘、そんなミッちゃんであればこそなお、神はいっそう愛し給うのではないかと思ったのです。

あなたは神というものを、信じていらっしゃるか、どうか知りませんが、私たちの信じている神は、だれよりも幼児のようになることを命じられました。単純に、素直に幸福を悦ぶこと、単純に、素直に悲しみに泣くこと、——そして単純に、素直に愛の行為ができる人、それを幼児のごときと言うのでしょう。『わたしが・棄てた・女』（小説）

多く愛するものは多く許される

彼女は何も言わなかった。何も言わずイエスを見つめただけだった。やがてその眼から泪《なみだ》が溢《あふ》れでた。その泪だけで今日までの自分の哀《かな》しみを訴えた。「泪にてその御足をぬらし」という簡潔な表現がこの時の彼女の惨めさと苦しさとをはっきりと私たちに伝えてくれる。

その泪でイエスはすべてを知られた。この女がどんなに半生、人々から蔑《さげす》まれ、自分で自分の惨めさを嚙《か》みしめたかも理解された。その泪で充分だった。神がこの女を悦んで迎え入れるには、それで充分だった。

「もう、それでいい。わたしは……あなたの哀しみを知っている」

とイエスは彼女にやさしく答えた。彼がこの時、つぶやかれた言葉は聖書のなかでも最も美しいものの一つである。「この女は多く愛したのだ」そして、イエスは次のように言った。

多く愛するものは
多く許さるる……

この「慰めの物語」には数多くのイエス奇蹟物語よりも、はるかに生き生きと我々に訴えるものがある。「泪、次第にその足をぬらし」という女の悲しみの表現と「多く愛する者は多く許さるる」と女をゆるすイエスの静かな声とには我々を感動させずにはおかぬ響きがある。

『イエスの生涯』（エッセイ）

†

イエスの教えを彼が生存中は男弟子たちはあまり理解していなかったことは聖書を読むとはっきりわかります。理解していなかっただけではなく、誤解さえしていたのです。しかしおそらくマグダラのマリアや他の女たちだけがひそかにイエスの言わんとすること、イエスが皆に伝えようとしていたことを感得していたのでしょう。それは一言でいえば「愛」です。

マグダラのマリアはイエスにめぐりあうまで愛欲の世界に生きた。愛欲の世界に生き、苦しみ、傷ついてきたゆえに、彼女はイエスの愛の教えにまっしぐらに飛びこむことができたのでしょう。愛欲の世界ではみたされなかったもの――それを愛のなかでみたしうると知ったのでしょう。愛欲は相手の自由をうばい、自分も深く傷つける。しかし愛はその逆になる。それをマグダラのマリアは自分の人生すべてで感得したのだと思います。だから彼女はイエスを誤解していた男弟子たちにさきがけて、イエスの愛の復活の発見者になったのです。

『イエスに邂《あ》った女たち』（エッセイ）

†

彼女は愛に渇えていた。渇えていたからこそ、愛ならぬ愛欲でその渇《かつ》をいやそうとしていた。

だがイエスは人々に愛欲ではなく、愛の話を語った。愛の行為を湖畔の病める者、貧しい者、慰めを求める者たちに行っているイエスを、彼女は人々にまじって目撃したのでしょう。

その時、彼女は自らの渇を本当にいやすものが何であるかを一挙に知ったのでしょう。自らが男たちに求めていたもの、愛欲のなかで見出そうとしていたXはここにあると霊感にうたれたように察知したのでしょう。

「わたしが与える水を飲む人は　永遠に渇《かわ》くことがない」

この聖書の言葉はそのまま彼女にあたります。それ以後、マグダラのマリアはイエスの弟子団の一人となったのでした。

『イエスに邂った女たち』（エッセイ）

それは一人の小説家（おそらくグリーンの過去の体験にもとづくものだろう）と人妻との大戦時代の恋愛を語った物語である。この人妻の夫は凡庸な官吏であるために小説家も一方では彼を軽蔑しながらもにこやかに交際し、裏ではその妻とひそかな情事を重ねているのである。

やがて独逸《ドイツ》のロンドン爆撃が烈《はげ》しくなる。ある夜、二人が泊まったホテルのそばに無人ロケットが落下して爆発した。爆風に部屋は散乱して二人は気を失うが、まもなく意識をとり戻したサラは恋人の小説家が命を失ったと思いこみ、はじめて神に必死に祈った。この人の命さえ救ってくだされば、わたくしは彼と別れますからと……。

気絶していただけの小説家は息をふきかえすがその翌日から彼を避けようとするサラの心がわかりかね、私立探偵などを使ってその挙動を探らせるようになる。小説家はサラに自分以外に「愛する存在」ができたと嫉妬《しっと》したのである。

†

やがてサラは孤独のまま病気で死んでいくが、その死後、小説家は自分から彼女を奪ったものが、別の男ではなく、神だったことを知る。すじ書きだけを書けばこの物語の面白みはなくなるが、私の簡単な説明でもわかるように、サラの罪（情事）はサラの救いと背中あわせになっている。

彼女は夫ならぬ男との愛欲に溺れながら、その愛欲ゆえに神を求めるのである。この愛欲や情事がなければ、生涯、彼女は凡庸な夫とのなまぬるい自己満足の人生を送ったであろう。敢えていうならば神はサラの愛欲や罪さえも利用したのである。

この小説は英国では評判が悪かった。評判が悪かったのは神学上の観点からだが、しかし私にはこの愛欲を神への愛に移行させる「置きかえ」の技法がグリーンらしく推理小説の味つけを使って、実にうまいと感心したものである。『心の夜想曲《ノクターン》』（エッセイ）

†

「キリスト、説教し、神の国の福音を述べつつ、町々、村々を経《へ》めぐりたまいし時、かつて悪鬼を追い払われ、病をいやされたる、……七つの悪霊《あくりよう》のその身より出でたるマグダラとよばれるマリア、……おのが財産をもってキリストおよびその弟子に供給しいたり」（「ルカ伝」八ノ一～三）

これが聖書の中で、マグダラのマリアについて最初に知ることができる記述です。この七つの悪霊が何であったかは私にはわかりませんが、おそらく性急で情熱的な彼女の性格と肉欲とから次々に生まれた罪だったのでしょう。マグダラのマリアが当時、送っていた生活は、普通の人間から見れば、それほど破廉恥《はれんち》な淫乱なものだったと思われます。

しかし、この情熱的な性格をわれわれは誤解してはいけません。世の中には、善をなすにも消極的であるがゆえに、悪をなすのにも消極的な人間がいるものです。こんな人たちは、ただ世間体《せけんてい》や他人の非難を恐れているだけなのです。聖書では、こういう人たちを「熱くもあらず、冷たくもあらず、ただなまぬるき」人間と呼んでいます。

マグダラのマリアはこのようなタイプの女ではありませんでした。彼女は無気力な日常生活より情熱をえらんだ結果、罪から罪、肉欲から肉欲への生活を送っていたわけです。しかし、その心にはいつしかポッカリと、空虚な穴がひろがっていたのです。こんな時、彼女はイエスと出会ったのです。そして、弟子たちすらわからなかったイエスの真意が、彼女にはすぐにわかったのです。いまや、彼女の前には光の世界がひらけました。

永い間、罪と闇の世界に悶《もだ》えていた彼女は、生きる道に初めて目覚めたのです。悪の道にも必死だった彼女は、今度は、生の指針であるキリストのあとを、脇目《わきめ》もふらず一心に歩きはじめました。その行手は、苦難に充《み》ち満《み》ちていることがわかっていても、彼女はその道を歩きつづけたのです。

ところで、この話は、私たちに何を訴えているのでしょう。じつは、マグダラのマリアの愛欲とイエスの説く愛とは、けっして無縁ではないことを語りかけているのだ、と私は思います。誰かを本当に愛したなら、その人のために死ぬほど尽くすという愛欲の世界は、イエスの説く愛と相似形をなしているのです。

「人もしその友のために死す、これより大いなる愛はなし」とイエスは言い、自分も自ら十字架上の死を選びましたが、この言葉の〝友〟を〝男〟または〝女〟に置き換えれば、まさしく愛欲の世界に通じます。だから、マグダラのマリアは愛欲の世界を経て、イエスの説く愛の世界が、即座にわかったのでしょう。

彼女にとっても、「多く愛するものは、多く許さるる」という言葉は、やはり真実だったのです。

『私のイエス』（エッセイ）

［罪について］
罪は救いと背中あわせである

罪には再生の可能性がある

私は若い頃から今日まで比較的、仏蘭西《フランス》の現代基督《キリスト》教文学を愛読してきた。愛読しただけでなく、小説作法的にも、そこから学ぶことが多かった。

そうした現代の基督教文学の作家たち（フランソワ・モウリヤック、ジョルジュ・ベルナノス、ジュリアン・グリーン、ジャン・ケイロルたち）の人間観察の特徴は作中人物の犯した罪をむかしの教会のように頭から拒《こば》まないことである。真っ向から否定しないことである。これらの作家たちは罪を犯す作中人物たちを怒りや憎悪で見るのではなく、愛情をもって眺め、その心理に理解をしめしてきた。そしてその挫折や罪のなかにむしろ当人の気づいていない再生のひそかな願いを見つけようとした。

私が現代の基督教文学の作品を何回も何回も読みかえしているうちに学んだことの一つは、右のような「罪」とは「再生のひそかな願い」だということだった。そしてそのことを私に教えてくれたのは教会でも神父でもなくて、人間を観察するこれらの作家たちだった。ちょっとした例をだそう。

日本にも来たことのあるジャン・ケイロルという作家がいて『異物』という中篇がある。

主人公は酔っぱらった嘘つき男である。一人称で書かれたこの作品は、主人公の語る身の上話が延々とつづく。彼はまずしい農家に生まれて、皆から可愛がられず育ったが、家をとび出てやがてボルドオの街で闇商売をやり成功した話を自慢しながら、しゃべる。酔っている彼は酔っぱらいの癖でくどくどと前にしゃべった話をくりかえす。すると話が前の話と少し食いちがっているので読者はふしぎに思いはじめる。それが幾度か回を重ねると、どうも嘘の身の上話をされていることが次第に読者にはわかってくるのだ。

しかしその嘘はやがて悲壮な色彩をおびはじめる。嘘のなかにこの男が口には出さぬ心の叫びがまじっているのに読者は気がつく。その叫びとは子供の時から愛されなかったこの男の、みじめだった彼の、幸福へのせつない願いの叫びなのだ。彼の嘘は彼の幸福へのひそかな願望だったのだ。

それがわかった時、読者はこの酔っぱらいの嘘を蔑《さげす》むことはもうできぬ。否定することも、もうできぬ。嘘のなかには彼の再生の願望が含まれていることもはっきりわかるのだ。

そして――この小説の傑作たる所以《ゆえん》は主人公の嘘を聞いているのは読者だけでないことだ。もう一人――もう一人の存在もじっと耳をかたむけていることが行間で感じられるように書かれていることだ。

日本流には中篇ともいうべきこの小説を読んだ時、私はマイナスのなかにプラスがあり、罪には再生の願いがこめられていることを改めて考え、わが意を得た気持ちがしたのである。大事なのは「否定」ではなく、マイナスをプラスに「転化」することだと再認識したのである。この小説だけではない。ジュリアン・グリーンの小説、モウリヤックの小説などを通して私は右に書いたことを幾度も心にくりかえすことができた。教会や神父が教えてくれなかったことを基督教作家の作品によって学んだのは私の文学の大きな収穫でもあった。

もう一度くりかえしたい。大事なのは「否定」ではなく「転化」だということを……。

『心の夜想曲《ノクターン》』（エッセイ）

†

私は小説家のはしくれで、多少は宗教文学の勉強をしてきた男である。そして基督教《キリスト》でも仏教でも罪を犯した人間は、その罪によって逆に救いの道をみつける場合が多いことを、長年のあいだ、信じてきた一人である。言いかえれば罪は救いと背中あわせになっているのであり、我々の罪は必ずしもその場合、無意味ではなかったのである。

仏教でいう「善悪不二《ぜんあくふに》」のこの考えは年月をへるうちに、次第に私の確信のようなものになってきたのだが、これもひとつの「類似の方則」だと言っておこう。

「類似の方則」は自らマイナスや欠点を拒否したり否定したりせず、逆にそれを再活用するやりかたのことだろう。これは意外と日常生活に役にたつ。

たとえば私のところに口下手な青年がきて、口下手ゆえに友人ができぬ、会社でも損をするところぼしていたことがある。昔の私なら弁論術を勉強しろとか、話術を知るため落語をききに行けといったろうが、「類似の方則」にしたがって、こう奨《すす》めた。「口下手というそのマイナスを逆に利用したまえ。口下手なら聞き上手になればいいじゃないか」

このひとことで、青年の顔がパッと明るくなった。「そうか、そうですね」と彼はうなずいたのである。

『生き上手　死に上手』（エッセイ）

†

私にもイヤな性格があり、そのイヤな性格を昔は直そうと努力したが、しかし直すことはできなかった。表面は直せても、そのしこりは別の形で別のところに出現することがよくわかったからである。だから私は自分のイヤな性格のなかにヨキものに転化する部分を見つけようとしている。

大事なのは「否定」ではなくて「転化」だということだ。その転化のやりかたや切っ掛けをみつけるのが、私の生きかただけでなく、小説上でも会得した作法なのである。

『心の夜想曲』（エッセイ）

†

我々は社会生活を維持するためにはいろいろな欲望や感情を抑えこむ。それは我々が半分しか自分を生かしていないということである。社会生活は「外づら」の我々だけを認め、それにそむくような、もうひとつの我々が出現することを禁じるのだ。

だから、もうひとつの我々がそれにたまりかねて烈《はげ》しく自己主張することが罪となるのだが、しかしこの罪は「外づら」だけでは我慢できない我々の再生の意志のあらわれとも言える。

従来の基督《キリスト》教がながい間、無価値であり不毛なものとしか考えなかった罪に人間の再生の可能性を見つけたのは、基督教文学の功績だと私は考えている。

罪と再生、罪と救いとは切り離されたものではなく、背中あわせであり、心理構造では類似していることを基督教文学者はそれぞれの作品でこまかく描いてみせているが、この神秘を五世紀に既に仏教の無意識分析が早くも見通していたことは驚嘆に値する。

『春は馬車に乗って』（エッセイ）

「律法がなければ、私は罪を知らなかった。律法が『むさぼるな』と命じなかったなら、私はむさぼりという罪を知らなかっただろう。だがその戒律ゆえに罪は私の心に浮かび、あらゆるむさぼりの心を起させた」（ロマ書、七ノ七〜八）

†

烈しい男ポーロにとってはこれは心からの告白だったにちがいない。律法は彼を無垢《むく》な世界にはつれ戻してくれなかった。逆にその戒律によって罪の匂い、罪の名を次々に教え彼を苦しめるにすぎなかったのだ。そこに律法の限界があった。

何と人間は辛いものだろうとポーロは心底から人間の業《ごう》を訴えているようである。我々が誰かのために善きことを行おうとする。だがその善いと思ったことが、実は自分の独善であり、相手を深く傷つけていることに気がつかない。誰かを救おうとして、それが相手を悲惨にしていることがわからない。

我々が人生で味わうこの辛さを律法や戒律のなかにこめてポーロは律法の限界を主張する。

「すなわち、私の欲している善はしないで、欲していない悪を行なっているのだ」（ロマ書、七ノ一九〜二四）

『キリストの誕生』（エッセイ）

生前のイエスはたしかに律法も守り、神殿にも詣でユダヤ教徒の生活を送った。そしてユダヤの外へ出ず、ユダヤ人のみを相手におのれの思想を語った。だが他方、その行動においてはイエスはユダヤ教の律法を超えようとするものがあった。「人は安息日のためにあるに非ず、安息日こそ人のためにあるなり」という言葉は、愛のほうが律法よりも神殿よりも高いという彼の意志を示している。『キリストの誕生』（エッセイ）

†

基督教《キリスト》というよりも、西欧の基督教のもつあの西洋的な考え方――二分法の考えかたに息ぐるしくなった私がそこから少しずつ離れたことは、書いた通りである。

しかしそのかわり、私を救ってくれたのは現代の基督教文学であったこともたしかだ。この文学は二分法ではなく三分法を教えてくれたからである。それは拙著『私の愛した小説』にかなり詳しく触れたつもりだが、要するにこれらの文学作品は人間の罪のなかにも善きものへの欲求をみつけ、善のなかにも罪の可能性がふくまれていることを発見した。

だからこそ彼等は好んで作中人物たちの無意識を掘りさげ、彼等の罪のなかにも無意識の、ひそかな、再生の意志があることを読者に示したのだった。泥の奥にかすかに光る鉱石を基督教文学の作家たちは見逃さなかったのだ。

この眼は二分法の眼ではない。善と罪とをはっきり区分する通俗的な眼ではない。プラスのなかにマイナスがあると同時に、マイナスのなかにもプラスがあることを見通す三分法の眼である。

この三分法の発想は私を硬直した西欧基督教の考えかたから解放してくれたことは事実である。ただ、三分法の眼を持っていても、これらの作家の無意識をみる眼が暗く病的で、そこが日本人の私を反撥させたのだが、三分法の考えかたを教えてくれたことは今でもふかく感謝している。もっともそれは日本人にもともとあった思考方法だったから、西欧基督教作家が人間の探究で悪戦苦闘してつかんだものを、私はたやすく受け入れてしまったのかもしれぬが……。

しかし三分法の眼を持つようになってから文学的にも私の作中人物の扱いかたが変わってきたと思う。私はどんな人物を書いても、彼等を私の外の世界に放り出すことはできなくなった。どんな陋劣《ろうれつ》な、どんな卑怯《ひきょう》な、どんな弱い人物を書いても私は私のなかに彼等を見出すと同時に——その陋劣、その卑怯、その弱さのなかに彼等の悲しさと再生の願いをそれとなく暗示できるようになった。そして実生活のなかでも私は心から憎んだり、嫌ったりする相手を持てなくなった。（もっとも、心から憎めるような相手に、

私は幸運にもこの半生のあいだ会わなかったのかもしれない）

私は自分の本の広告に「遠藤文学」などという言葉を出版社から書かれると、思わず苦笑してしまう。理由は二つある。ひとつはそういう言葉が条件反射的に私をてれさせてしまうのと、もうひとつは私は――先にも書いたように――自分の個性などを信じていないからである。私の文学は私の学んだ多くの芸術作品から影響をうけてできあがったものであるから、それは「遠藤文学」などと規定できないだろう。しかし私の文学に特徴があるとするならば、そのひとつは罪のなかにこそ救いの可能性をみつけようとする姿勢だったと思う。

その姿勢で私は長い歳月をかけ、ちょうど蟻《あり》が一粒、一粒の餌《えさ》を巣穴に根気よく運ぶように、ひとつ、ひとつの作品を書き、文学世界を形成したつもりである。

だが、数年前からこの文学世界を――大袈裟《おおげさ》にいうと私が自分の人生観を放りこんだ建物をゆさぶりたいという衝動に急にかられたのだ。

どうして、そんな衝動が起こってきたのかわからない。

この年齢になれば自分がたどった道を更に深く進むか、自分の知った世界を守りつづけるのが普通だろうが、それをゆさぶれという声のようなものを私は心の奥に感じはじめたのだ。それは一言でいうと、私が罪のほかに悪があると感じだしたからである。罪と悪とはちがうと思いはじめたからである。

罪は救いの可能性を持っているが、悪は罪とちがい、ひたすら堕《お》ちること、どこまでも堕ちること――そういう欲求だとわかってきたからである。

『心の夜想曲』（エッセイ）

†

私は罪と悪とは別のものだと考えるようになった。罪が社会的自己以外の埋もれた自己の主張であり、したがって社会のなかでいきづまった自己の再生を主張することならば、悪はまったく別のものである。

罪が再生の意志を表現するにたいして、悪は自己破壊の衝動である。その自己破壊の本能が人間の無意識のなかにひそんでいることは、フロイトが「快感原則の彼岸」で書いている。我々のなかには生命発生以前のあの無生物の状態にふたたび回帰しようとする欲望があるのだ。たとえばその欲望が性のなかに出現する時、マゾヒズムの喜悦となるのだろう。そこには再生の希望や救いの欲求などはまったくなく、ただ永遠に無感動と無感覚の状態に戻ろうとする虚無への願いがある。それを私は罪とはまったく違う悪とよんでいる。

『春は馬車に乗って』（エッセイ）

罪に値《あたい》するもの

自分が愛や善意で他人《ひと》に尽くしたことが、かえってその人間を傷つけてしまったという経験がない人は、私はおそらくいないと思います。

しかし、そういう自分の善意が、他人を傷つけているということに気づかない人は、じつに多いものです。こういうふうに、知らずに罪を犯すということ、これも原罪《げんざい》です。また、知っているのだけれど、どうにもしようがない。どうしたらいいんでしょうということ、これも原罪です。

業というような問題だけでなく、もっと広義の、そういうものをキリスト教では原罪と呼んでいるのです。原罪が、日本人に親しめないというけれど、生きてる以上、われわれはその問題に絶えず遭遇しているのです。

もう自分ではどうにもしようがない、ということを青春の中で経験しなかったとすれば、その人は、やはり人生とか、原罪とか、神といったものを理解できないのではないかと思います。もしそうでなければ、そういうどうしようもない時、「あぁ、神様」と思わず声が出るわけですし、この経験から〝神はいるのか、いないのか〟という問題が始まるのではないでしょうか。

だいたい、女を棄てたり、女に棄てられたりしなかったような男に、宗教はわかるものか、と私の友人の一人は言いましたが、私はある意味で、これがわかる気もします。少々、極論にすぎるとお考えになる方もいらっしゃるでしょう。しかし、その一生を、女を棄てもせず、また、女に棄てられもせず過ごした男というのは、生涯、自分が他人を傷つけたという問題を感じない、と私は思うからなのです。

『私のイエス』（エッセイ）

†

絶望の罪というのは、自分が何か罪を犯したと思い、自分の救いにまったく絶望してしまうということで、これこそ罪の中で最大の罪だ。

『私のイエス』（エッセイ）

†

われわれが無意識のうちに、あるいは善意で、あるいは自分の弱さや卑怯さのために、他人の人生を歪めてしまうようなことがある時、おそらく、それは罪と呼ぶに値《あたい》する行為だろう。

『私のイエス』(エッセイ)

†

私たちは死の恐怖におびえたり、不安に苦しんだり、人間的な限界に絶えずぶつかります。完全でないことを原罪というのです。物を盗んだり人を殺したりというだけでなく、人間が不完全であるということも含めて原罪をわれわれは感じますが、仏教にも同じような考えはあるのではないでしょうか。

いずれにせよ、キリスト教の原罪には仏教のように宿命的な考えはなくて、希望のある人間の性悪説また逆に性善説と言ってもいいでしょう。

『私にとって神とは』(エッセイ)

†

我々はおそらく自分でそれを罪悪と認めながら罪を犯すということはあまりない。自分で知りつつ罪悪行為をやる時でも、無意識のなかで自己正当化はたえず行われている。道徳に離反した行為をした時も、自己を正当化する主張が働いている。反社会的行為をした時も自己弁解の言葉は咽喉《のど》まで出かかっている。

『春は馬車に乗って』(エッセイ)

聖書の中のほとんどの女性は、いかなる罪を犯しても、いかに汚辱《おじょく》の生活にまみれても、キリストから安らぎと愛の泪《なみだ》とを注がれているのですが、このヘロジャデの運命だけは、ぼくらにはわかっていないのです。もしキリストが彼女にたいして沈黙を守っていたとするならば、それは彼女がヨハネを殺したためではない。

彼女が罪のうちで最もかなしい罪――他人の苦悩や哀しみに無感覚であり、しかもその心の無感覚にたいして（他の娼婦や女たちのように）苦しみもしなかったためだと思われます。

『聖書のなかの女性たち』（エッセイ）

†

日本人の道徳観念で「ツミ」のイメージというのは、キリスト教の言う罪ではなく、穢《けが》れか、人生を生きる上での苦しみのことだと思います。

キリスト教で言う罪というのは、簡単に言ってしまうと、自分が神になるか、あるいは神による救済を絶望することです。二つとも自分が神によって救われないということですが、それが罪です。

もちろん社会的道徳、盗んだらいけないとか、人の女房を失敬したらいけないとか、そういうような社会的道徳に対する違反も罪と言う場合があるでしょうが、しかし、宗教的な倫理《りんり》と社会的な道徳とは違います。社会的道徳などは、時代によって変わります。早い話が、平和時においては人を殺してはいけないのに、戦争では人を殺すことがよいことだとされているではありませんか。

日本では一夫一婦という形をとっておりますが、ある時期の中国やアラブでは、一夫多妻が決して罪とは見なされてなかったではありませんか。社会的道徳というのは、時代や国家、集団によって決められた社会的秩序を守るための約束ごとであって、これは宗教的な倫理ではありません。

宗教的な倫理というのは、社会的な道徳をさらに超えて、人間と超越者との関係を言うのです。だからその超越者からくる救いを人間が全く絶望してしまうことを、私は宗教的な罪だと考えています。社会的道徳ではなく、宗教的倫理がここで問われているのです。

これに対して、日本人の「ツミ」というのは、古代においては穢《けが》れでした。病気もまた「ツミ」でした。なぜならば、それは身体を穢すことだったからです。罪に対する善《よ》きことということは、穢れの反対であって、つまり清浄であって、この清浄ということが、後に潔白という言葉と変わっていきます。

罪というものは、穢すことである、善いということは、清浄であるということである、というのが、日本人の善悪に対する根本的な理念です。ここにキリスト教の宗教的倫理と日本人の罪悪感との根源的な違いがどうもあるように思われるのです。

『私にとって神とは』（エッセイ）

†

本当に大事な大事な出来事なら我々は決してそれを他人にざんげなどしない。ざんげするのは神さまにたいしてだけでたくさんです。充分です。本当の色ざんげと言うのは神とその人とだけが知っている秘密であるべきだ。

『その夜のコニャック――色模様』（小説）

人間が人間を裁《さば》けるのか

社会秩序を保つために人間が人間を裁《さば》くことは必要かもしれませんが、それはたんに必要だから行われているのであって、本質的には人間が人間を裁く権利などないように私には思えるのです。だからこそヨハネ福音書は続けてこう書いています。

「イエスは身を起してその女に言われた、『みなはどこにいるのか。誰もあなたを罪に定めなかったか』彼女は答えた。『はい、誰も』イエスは『わたしもあなたを罪に定めない、行きなさい』と仰せになった」

わたしもあなたを罪に定めない。この言葉は何度くりかえして読んでも深く感動的です。イエスの人間洞察、イエスが人々の哀しみや苦しみにどんなに共感しようとしたか、そして律法（社会的な道徳）よりももっと大事なものがあることを人々に教えようとしたことが、そのすべてこの言葉にふくまれています。

今まで書いてきたことから考えを少し拡げてみます。
一、宗教的倫理と社会道徳とは必ずしも一致しない。
二、宗教的倫理とは一人一人の心の奥底の問題であって、社会の秩序を保つための約束事の道徳などではない。
三、それは当人の内面の底（時には無意識の世界）の問題なのであって、神はそのすべてを知っている。
四、そして我々が神の働きとよぶものをみつけるのは、この心の奥底においてである。社会的道徳などの世界では神は働かぬ。
五、イエスはたえず、この心の奥底のことを問題にしていた。心の底はドロドロとした無明の世界であり、暗黒の場所だが、また神の働く場所でもあるからだ。「神の国はあなたのなかにある」とイエスは言っている。『イエスに邂《あ》った女たち』（エッセイ）

†

一言でいうとイエスはここで二つのことを言っている。ひとつは社会的な道徳でいう罪と宗教的な罪とはちがうということです。

第二に我々には本当は誰をも裁《さば》く能力などないということです。これこそあきらかにイエスの思想だと私は思います。

まず集団の道徳や戒律のいう罪と宗教的な罪とちがうということ。これはちょっと考えればすぐわかります。社会的道徳の罪などは時代や場所によってすぐ変わります。私のような戦中派は今日までこの事はいつも感じてきました。たとえば戦争中は人を殺すことを教えられた私など、戦後は手のひら返したように人を殺すのは最大の罪と同じ人に言われた時、社会のいう善悪規準が時代や環境でいかに変わるかを充分、思いしらされたものでした。今でもマルキシズムのいう悪と資本主義のいう悪のくいちがいが新聞で毎日のように読みとれるではありませんか。

姦通の女は石うちの刑をうけるにふさわしい悪女だ——それはイエスの眼からみると集団道徳の判定にすぎません。なぜなら、裁き手は行為の結果や表面的な理由だけをみて、その女の心の底まで入っていないからです。夫を裏切り姦通せざるをえなかった彼女の空虚感や愛されぬ苦しみに思いをはせることをしていない。

宗教的な倫理とは、このような社会的な集団道徳とはまったく違います。なぜならそれはまず神と人間個人との関係だからです。そして神は人間の行為の結果だけを重視しません。行為の表面的動機は問題にしません。神の眼は我々の心の底の底までふかく見ぬいているからです。神は善を行った者の自己満足や虚栄心も承知していますし、逆に罪を犯した者の屈辱感、うしろめたさ、怯え、悲しみも承知しているからです。

この姦通した女にも姦通を犯すたびに後悔と自己憎悪があったかもしれません。また姦通をするまでには長い辛さ、苦しみもあったにちがいない。それは確かです。相手の心の底まで考えないで我々は本当に人を裁けるか。イエスはこの問いを我々に問うています。

『イエスに邂った女たち』（エッセイ）

†

私はアウシュビッツへ行ったことがあります。そこで収容所の内部も見ましたし、ガス室も見ました。ナチの行なった残酷《ざんこく》さとそれによる悲惨さのために、三日間ほど食事が喉に通らないほどのショックを受けました。こんな残酷なことを、一人の人間が他の人間に対してよくもできたものだと思いました。

ガス室でたくさんの人間を殺したあとで、その人間が音楽会へ行って、モーツアルトなんかを聴いて楽しんでいるのです。そういう記録も残っているのです。その日に何十人だか何百人だか何千人だかを殺した夜、モーツアルトを聴く音楽会に出ているというのを知ると、何ともいえぬ戦慄《せんりつ》を感じました。そういう人間に底知れぬ嫌悪感を持ち、こんな人間は神様が救ってくれないのじゃないかと思いました。

私は大抵の人間は救われるという考えでおりましたけれど、アウシュビッツにおける彼らの行為の跡を実際に見て、顔をそむけたくなるこのような残虐《ざんぎやく》を犯した人間は果たして救われるのか、と日本に帰るとすぐ、ある神父に聞きました。その神父は、彼らの人生全体の判定を誰ができるか、その男が息を引きとる瞬間に、自分は悪かったと心の底から思った時に救われないと誰が言えるか、と答えました。あんなに残酷なことをした人間をも救うほどに、神の愛は広いのか、と私が言ったら、その神父は、そうだと言いました。私はその時ガンと頭をうたれた気になりました。

それでは殺された人たちは浮かばれんじゃないか、と私は反駁《はんばく》したのです。殺された人たちの倫理や論理を、私たちが自分たちの倫理や論理で判定するから浮かばれぬと考えるのであって、殺された当人たちの気持ちや論理をどうしてわれわれが言えるのだ、と神父は言うのです。

その時、私には殺された人たちの身になって、殺した人間も神に救われるというのはあんまりだ、と考える一方、そのくせ神父の言うように、殺したほうの人間が救われるのを認める気持ちもどこかに起きました。

何千人という殺されたユダヤ人の子供たちが、自分を殺した大人を許すというだろうか、とたずねると、殺されたユダヤ人の多くの子供たちが、神様にあの大人のひとたちを許してあげてください、というのがキリスト教だ、とその神父は答えました。私はその言葉を聞いた時、感動しました。

殺されたほうの立場に立って、ヒットラーやアウシュビッツの殺人者たちが救われるのは、それはあんまりだ、という烈《はげ》しい怒りが私にたしかにありますが、一方では、その神父が言うような世界があったら、それはなんと素晴らしいことではないか、という気持ちがしないでもありません。しかし、それを心の底からうなずけるまでには、まだ至っていません。

『死について考える』（エッセイ）

†

自分がいつも正しい、正義漢だと思っている人というのも、知《し》らず識《し》らずに傲慢《ごうまん》という罪を犯していると思います。

なぜかというと、自分が正しいという気持ちは、かならず他人を裁こうとします。つまり、人を裁こうとする気持ちというのは、自分が裁く相手の心の悲しみとか寂しさということが、よくわかっていないことなのです。

『私のイエス』（エッセイ）

†

ものごとを決して二つに区分けしては見まい、と私は自分に言いきかせるようになった。善も限界をすぎれば悪になり、愛も限界を過ぎれば人を苦しめる。

当たり前といえば当たり前のことだが、これが身にしみてわかるまでやはり長い歳月がかかった。今の私はだから心の底から自信をもって誰かを批判できなくなっている。裁くことはできるだけ避ける気分である。と同時に自分が正義漢づらや善人づらをしていないようにできるだけ努めたいと思っている。

『心の夜想曲』（エッセイ）

神はなぜ黙っているのか

殉教者《じゅんきょう》の心理には三〇パーセントの虚栄心はあるかもしれぬ。三〇パーセントの狂心や自己陶酔もふくまれているだろう。しかし、それ以外のXもあるはずだ。そのXが我々人間にとって大事な部分なのであって、もし人間の行為をエゴや虚栄心に還元《かんげん》するならば、このXを我々は失ってしまう。

『春は馬車に乗って』（エッセイ）

†

「わかってほしい」枢機卿《すうききょう》は私の肩に手を置いたまま諭《さと》された。「法王庁はこれ以上、迫害の国にお前たち宣教師を送るに忍びない。敗れると知って戦場に兵士を送り、無意味に死なせる将軍はいないように……」

「いいえ」私は心のよろめきから立ちなおり、「枢機卿さま、日本は勝ち目のない戦場ではないと存じます。布教が捗《はかど》らなかったとすれば、それはペテロ会の戦術の幼稚さのためでした」

枢機卿はかすかに笑われた。それはむきになった少年に苦笑する老教師のようだった。

「枢機卿さま、宣教師は兵士とはちがいます。兵士の死は時には無意味ですが、宣教師が迫害のなかで死ぬことは、人々に見えざる種をまくことです。神の栄光を示すという種を……」

「お前の言う通りだ。かつて初代法王ペテロもローマでの迫害の折、殉教によって見えざる種を人間の心にまいていった」

「主もまたゴルゴタの丘での死をお怖《おそ》れにはなりませんでした」

「お前の言う通りだ」

『侍』(小説)

†

「お前が、もし、俺たちの責め道具に口を割らぬとしたらだ、そりゃ英雄主義への憬《あこが》れ、自己犠牲の陶酔《とうすい》によるものじゃないか。酔う。恐怖を越えるためになにかに酔う、死を克《こ》えるために主義に酔う。マキだって、お前さん等基督《キリスト》教徒だって同じことだぜ。人類の罪を一身に背負う。プロレタリヤのために命を犠牲にする、この自分、この自分一人がという涙ぐましい犠牲精神がお前さんを酔わしているんじゃないか。

ナチの協力者、裏切者のこの俺が、お前の肉体をいかに弄《もてあそ》ぼうと、お前はユダのように魂を売りはしない、そう思っているんだろう。そう信じこんでいるんだろう。だが、そうは問屋がおろさない」

闇《やみ》は次第に迫って来た。それは波のようにながしの窓硝子を濡《ぬ》らし、それを浸しはじめた。私は黙っているジャックの顔のほの白い輪郭しか、もう見えなかった。しかし、見えなくても、その表情はわかっていた。

「俺はあの学生時代から、お前が、英雄になろう、犠牲者になろう、としているのを知っていた。だから、俺は、お前の、その英雄感情や犠牲精神をつき落してやろうと考えた。考え続けた。俺は今、それがやっと自分にわかったんだ。お前だけじゃないさ。俺は一切そのような陶酔や信仰の持主が憎いんだ。彼等はウソをつくからな。他人だけではない、自分にもウソをつくからな。

ジャック、ナチズムは政治だぜ。政治は人間の英雄感情や犠牲精神を剝奪《はくだつ》する方法をちゃんと知っているんだ。犠牲感情だって、自尊心がなくっちゃ存在しない。だが、この感情はもろく砕いてみせられる。

お前、ポーランドのナチ収容所の話をきいているだろ。はじめは、そんな陶酔に酔った闘士《コンバタン》が沢山いたらしいな。彼等は、お前と同じように、一人で殺されるのを待っていたらしいな。そこには英雄の孤高、英雄の死という、くすぐったい悦《よろこ》びがあるからな。

ところがだ。ヒットラーはちゃんとそれを見抜いていた。奴等を無名のまま集団で殺した。ヒットラーはそんな文学的、感傷的な死に方を彼等に与えてやらなかったのさ」

『白い人・黄色い人』（小説）

†

「殉教などをしようとする気持にはとどの詰《つま》り虚栄心があるよ」

「ええ虚栄心もあるでしょう。英雄になりたいという気持も狂気もあるでしょう。しかし……」

能勢は黙ったまま杯をいじった。殉教の動機の中に英雄主義や虚栄心をみつけることはやさしい。

しかし、そういうものを除いた後にも、まだ残余の動機が存在する。この残余の動機こそ、人間にとって、大切なものではないのか。

「それに、そう言う見かたをすれば、すべての人間の善意にも行為の裏側にもみな虚栄心や利己主義は見つけられます」

小説を書きだして十年彼はすべての人間の行為の中にエゴイズムや虚栄心などを見つけようとする近代文学が段々、嫌いになってきた。水が笊《ざる》からこぼれるように、そうした人間の視かたのために我々は最も大事なものを喪《うしな》っていったのではないか。

我、地上に火を放たんと来れり。その燃ゆるほかに何を望まん。
我には受くべき、死の洗礼《バプテイスマ》あり。そが遂《と》げらるるまで、我が苦しみ、如何ばかりぞや。
我が来れるは、多くの人に仕えんため、多くの人の償いとして、命を与えんためなり。

†

これらの言葉を主が口にされた時、主はたしかに御自分の死を覚悟しておられた。この世には死によって遂げられる使命があるのだ。

ベラクルスからコルドバまでの路のり。山岳地帯は雷雲に覆われ、時折、稲妻が走った。竜舌蘭《マゲイ》とサボテンとがまるで奇怪な文字のようにはえている荒野。この荒野を私は日本人たちと黙々と進みながら、死を決意してやはりこのような荒野をエルサレムに上り給うた主を思った。主はその時、自分の死を予感され、「我には受くべき、死の洗礼《バプテイスマ》あり。そが遂げらるるまで、我が苦しみ、如何ばかりぞや」と言われたのだ。

この世には死によって完成する使命があるのだ。田中太郎左衛門の自決は私にそれを教えたような気がする。だが田中の死と主の死とは一点においてはっきり違うのだ。あの日本人は使者としての使命が果しえなかったことを償うために自殺した。だが主は「多くの人に仕えんため」に死を引き受け給うた。

『侍』（小説）

†

こうして二つの人間が分れた。おのれの信念を貫き通すために拷問に屈せず死も怖れぬ強者と、拷問と死に怯《おび》えておのれの信念を棄てる弱者と。

大追放令以後、日本の切支丹《キリシタン》は強き信仰者になるか、弱き転《ころ》び者になるかのいずれかに生きねばならなかった。彼等には救いの希望のほかに心を励す武器はなく、祈ることのほかに身を守る武器はなかった。

彼等はもはや十年前、二十年前の信徒のなまやさしい生き方はできなかった。静かに祈り、静かに神を考えることもできなかった。神《デウス》はなぜ、このような苦痛を与えたのか、神はなぜ、黙っているのか、という思いだけがすべての信徒たちの心を苦しめた。潜伏宣教師たちはそれでも彼等の疑問に、それこそ神の愛であり、慈愛なのだと教えた。

『遠藤周作文学全集10　評伝1』（エッセイ）

†

殉教の準備と死の覚悟。そのために彼がどのような修行をしたかはその数少い手紙にも書かれてはおらぬ。だがこの時期、彼が自分の信ずるイエスもまた同じように、十字架での死を予感し苦しみぬいたことに慰めを得たことは当然、推測できるのだ。

ミサの間、聖書を開き、受難を前にしたイエスの苦悩をたどる時、ペドロ岐部が苦悶するイエスにおのれの姿を見つけなかった筈はない。なぜならイエスもまた、その最後の年の紀元三〇年、自分が敵対者たちから殺されることを感じ、殉教の決意をするまで心の動揺と怖れとを同時に味わったからだ。

「わたしには（これから）受けねばならぬ（死の）洗礼《バプテイスマ》がある。そしてそれを受けてしまうまで私はどんな苦しい思いをするだろう」。三〇年の過越祭が近づいた時、イエスは自分の気持をそう弟子たちにうち明けている。

あるいはまたゲッセマニの園で血のような汗を流しつつイエスは神に祈る。「父よ、思召しならばこの（死の）杯を我より取り除き給え。さりながら、我が心の儘《まま》にあらで、思召しの如く成れかし」

日本に戻れば自分を待ち受けているのは死である。それを思う時、さすがペドロ岐部の心も恐怖に震えたにちがいない。だが主イエスもまた受難を前にして同じように苦悶しているのだ。イエスもまた同じように苦しんだことは彼の心に慰めを与える。

『遠藤周作文学全集10　評伝1』（エッセイ）

†

竹中重義の考案したこの拷問はある程度は成功した。苦痛に耐えかねた信徒のなかには遂に棄教《ききよう》する者も出たからである。だが他方毅然《きぜん》としてあくまで自分の信念、自分の信仰を貫き通す強い者たちもいた。

拷問に転《ころ》んだ者には神がその愛にかかわらず、かほどの責苦《せめく》を受けている自分たちを助けようともせず、沈黙を守っていることが耐え切れなかったのだ。神がなぜ、これほどの苦患を信徒たちに与えるのか、その意味をはかりかねるようになったのである。

一方、あくまで拷問に屈しなかった者はこの責苦をやがて自分たちが受ける永遠の至福のための試錬と考えた。彼等はその時、イエスもまた同じような肉体の苦痛を生前、味わったことを思い出し、イエスの受難に倣おうとしたのである。拷問のなかで神のおそろしい沈黙を感じた者は棄教し、神もまた自分と共に今、苦しんでいるのだと考えた者はこの責苦に耐えぬこうとしたのである。

『遠藤周作文学全集10　評伝1』（エッセイ）

為《な》すところを為せ

黒い波の押しては砕《くだ》け、砕けては引く音をききながら喜助は神を心の底から恨《うら》めしく思った。人間には生れつき心の強いもの、勇気のあるものと、臆病で不器用なものとの二種類がある。甚三郎さんや善之助さんは子供のころから気が強い人じゃった。だから迫害にあっても信仰を守り通すことができる。このわしは他人に手をふりあげられただけで足もすくみ、真青になってしまう意気地のない性格だ。そんな生れつきの性格のためにゼズスさまの教えを信ずる気持はあっても拷問だけはとても辛抱できないのである。

(もしも、こんな世の中に生れたのじゃ無うて……)

信仰の自由が許されている昔に喜助が生きていたなら彼だって立派とはいえぬまでも、ゼズス様やサンタ・マリア様を決して裏切る羽目には陥らなかったであろう。

(なんでおらはこげんな運命に生れあわせたとじゃろ)

そう思うと喜助は、天主の非情さが恨めしかったのである。

浜からたち上って戻ろうとした時だった。彼はだれかがうしろで呼びとめる声をきいた。ふりかえったがだれもいなかった。男の声でも女の声でもなかった。がその声は黒い海の波の音にまじって、はっきりと響いてきたのである。

「みなと行くだけでよか。もう一ぺん責苦《せめく》におうて恐ろしかなら逃げ戻ってもいい、わたしを裏切ってもよかよ。だが、みなのあとを追って行くだけは行きんさい」

喜助は足をとめて茫然と海を眺めていた。拳を顔にあてて彼は声をあげて泣いたのである。

喜助の話が終った時、牢獄の信徒たちは咳一つせず黙りこんでいた。雪が次第に外に積っていくのが三尺牢におかれた体の肌を通してひしひしとわかってくる。甚三郎はこの二年間、自分が苦しみに耐えてきたこと、弟が死んでも信仰を捨てなかったことが無駄ではなかったと思った。

翌日の朝、役人が喜助を取り調べるため、三尺牢の鍵をあけた。喜助もころぶと言わなければ寺の庭にある氷の池に浸されるのである。にぶい鍵の音と、喜助のよろめく跫《あし》音《おと》とをききながら甚三郎は、

「喜助」とひくい声をかけた。「苦しければころんで、ええんじゃぞ。ころんで、ええんじゃぞ。お前がここに戻ってきただけでゼズスさまは悦《よろこ》んどられる。悦んどられる」

†

切支丹《キリシタン》たちが拷問をかけられたのはここにちがいない。霧のように移動する蒸気の割れ目の向うに十字架が黒く姿をあらわした。ハンカチで口を覆い、立札すれすれに立って、足もとを見おろすと、白い濁った熱湯は眼の前で大きな泡を立てながら煮えたぎっている。ほかに足場がないから、信徒たちは今、彼が立っているような場所で拷問を受けた筈だ。

そしてキチジローは、ここから大分離れた所——そう、今、ここまで来るのをこわがった子供が、母親と一緒に怯えたようにしゃがんでいるあのあたりで、見物人たちと、光景を眺めていたのだろう。

許してくだされとキチジローは心の中で言っただろうか。もし、能勢がキチジローと同じ立場に立たされていたならば、ゆるしてくだされ、ゆるしてくだされと繰りかえすより仕方がなかっただろう。

「ゆるしてくだされ。わしはお前さまらのように殉教のできる強か者でござりませぬ。こげんな怖《おそ》ろしか責苦《せめく》ば思うただけで胸がつぶれるような気がいたしまする」

もちろん、彼にも言いぶんがあった。たとえば自分が信仰自由の時代に生きていたならば、決して転《ころ》び者にはならなかったろう。もちろん聖者にはなれなかったかも知れぬが、平凡に信仰を守る人間だったろう。ただ、不幸にも迫害の時代にめぐりあわせ、こわかったから棄教《ききょう》を誓ってしまったのである。

人はみな、聖者や殉教者になれるとは限らぬ。しかし、殉教者になれなかった者は、生涯、裏切者の烙印《らくいん》を押されねばならぬのだろうか。そんな訴えを彼は同時に、自分を非難するような信徒たちにしたかもしれぬ。だがこの理窟《りくつ》にもかかわらず、彼はやっぱり心の痛みを感じ自分の弱さを憎んだだろう。

（転び者には、あなたらのわからぬ、転び者としての苦しさがござりまする）

傷ついた小鳥のような歎《なげ》きが、三百年を経た今日も能勢の耳に届いてくる。「切支丹告白集」の中にたった一行、書かれたこの言葉は能勢の胸に鋭い刃で切りつけてきた。それはまたキチジローが、この雲仙で拷問を受けている昔の仲間の姿を見た時、胸の底で叫んだ声だったにちがいなかった。

『遠藤周作文学全集7　雲仙』（短篇小説）

†

矢代がアーメンの臭いのするものを棄てられぬのは、死んだ母の姿につながっていた。母はヘロデをじっと見つめたヨハネのように彼にとっては辛い存在だった。母が生きている間、彼は彼女をわざと傷つけたり、反抗したりしたが、自分を悲しげにじっと見つめる母の眼はそのたび毎に矢代の胸を痛くさせた。彼女が死んだあとも、その眼はやはりどこからか彼をじっと見つめていた。

眼。悲しげな眼——今、矢代はペトロが鶏の鳴く前に、痩《や》せた哀れな男を否定したカヤパの邸の跡に立っている。

夕陽は既にしりぞき、誰もいないこの場所には笠松の枝が風にかすかに鳴っている。松ぼっくりが、靴にふまれて乾いた音をたてる。遠くから単調な、もの憂いアラビヤの音楽が聞えてくる。

この場所でペトロは痩せた哀れな男と自分とは関係がないのだと皆に言い張った。するとその男は人々に引かれながらペトロを遠くから悲しげな眼でみつめた。あなたは結局そのペトロを許された。ユダには首をくくらせたのに、ペトロなら許された。なぜあなたはユダを許さなかったのか。私にはそれがわからない。もしユダも許されたと聖書に一行でも書いてあったなら、長い長い歴史の間に、どんなに多くの人がほっとしたことでしょう。

『遠藤周作文学全集8　巡礼』（短篇小説）

†

私は井上神父にヨハネ福音書の最後の晩餐《ばんさん》の場面について質問したが、これは前から疑問に思っていたことである。疑問の箇所は基督《キリスト》が裏切者のユダに一片の麪《パン》を与えて言う言葉だ。

「斯《かく》て、麪を浸してシモンの子イスカリオテのユダに与へ給ひ……これに向ひて、その為《な》す所を速《すみやか》に為せと曰《のたま》ひ……」

為すところを為せとは、もちろんユダが自分を裏切り、売る行為を指す。なぜ基督はユダをとめなかったのか。一見冷酷につき放したのかを私は聞きたかったのだ。

井上神父はこの言葉は基督における人間的な面をあらわすと言う。基督はユダを愛してはいるが、この男と同席するのに嫌悪感を禁じえない。その心理はちょうど、心の底では愛しているが自分を裏切った女にたいして我々が感ずる愛と憎との混合した感情に似ているのだというのが神父の考えだ。しかし私はそれに反対した。

「これは命令的な言葉ではないな。ひょっとすると原典からの訳が段々、ちがってきたのではないか。……お前はどうせそれを為すだろう。為しても仕方のないことだ、だからやりなさい。そのために私の十字架があり、私は十字架を背負うという意味がこめられているのじゃないか。基督は人間のどうにもならぬ業を知っているしな」

屋上でさきほどまで聞えていた合唱が終ったらしく午後の病院は静まりかえっている。私は井上に反対されても自分のやや異端的な意見に固執しながら、見なかった踏絵をふと心に浮べた。手術の前に見たかったが、それができないなら仕方がない。井上の話によると腐りかけた枠木にかこまれた銅版の基督像は摩滅していたという。それを踏んだ人間の足が基督の顔を少しずつ傷つけ、すりへらしていったのだ。

しかし傷ついたのは銅版の基督だけではないのだ。藤五郎もそれを踏んだとき、足にどのような痛みを感じたかわかる気がする。その人間の痛みは銅版の基督にも伝わっていくのだ。そして彼は人間が痛むことに耐えられない、だから憐憫《れんびん》の情にかられて「速に汝《なんじ》の為すところを為せ」と彼は小声で言うのだ。踏まれる顔の持主とそれを踏む者とはそんな姿勢と関係をもちながら今日まで生きてきた。


『遠藤周作文学全集7　その前日』（短篇小説）

†

私にとって、かくれが興味があるのは、たった一つの理由のためである。それは彼等が、転《ころ》び者の子孫だからである。その上、この子孫たちは、祖先と同じように、完全に転びきることさえできず、生涯、自分のまやかしの生き方に、後悔と暗い後目痛《うしろめた》さと屈辱とを感じつづけながら生きてきたという点である。

切支丹《キリシタン》時代を背景にしたある小説を書いてから、私はこの転び者の子孫に次第に心惹《ひ》かれはじめた。世間には嘘をつき、本心は誰にも決して見せぬという二重の生き方を、一生の間、送らねばならなかったかくれの中に、私は時として、自分の姿をそのまま感じることがある。私にも決して今まで口には出さず、死ぬまで誰にも言わぬであろう一つの秘密がある。

『母なるもの』（小説）

†

どんな信者も一生の間、年齢に応じてユダの気持を持っているのだ。少年の時は少年ユダの心を、青年の時は青年ユダの心を、そして今の私のように四十をすぎた男にはそれなりに初老のユダの心理が意識の裏側にべっとりひそんでいるのである。

『母なるもの——ガリラヤの春』（小説）

［いのちについて］

すべてを神に委ねる

見苦しく死のうが、見苦しくなく死のうが

死後については誰もわからない。しかし人間の長い思念《しねん》のなかにはキリスト教のいう復活《ふっかつ》、仏教の言う転生、そして死ねば無になるという三つの考えがあって、我々も死の直前、この三つのうちのいずれかを選ばねばならなくなる。『心の砂時計』（エッセイ）

†

健康な時に、死というものを考えると恐ろしい気がしますが、そんな状態になると、死の世界には楽に入っていけるような気分になる時もあるのです。ひょっとして、死が迫って来た時は、そんなにこわいものではないかもしれません。

時々思うのですが、ボケ老人というのも神が与えてくださった恩恵で、一種の楽に死ねるという状態じゃないでしょうか。周りの家族には迷惑でしょうが、ご当人はボケた

おかげで死に対する恐怖は感じなくなっているのではないでしょうか。

『死について考える』（エッセイ）

†

印度《インド》に行ってきた。四度目である。

印度に行くたびに私はこの国に更に魅了されてしまう。

印度に行くと「もう二度と行きたくない」という人とこの国の魅力にとりつかれる人との二つにわかれるというが、私はどうやら後者らしい。

どこが印度の魅力かといわれると返事に困ってしまうのだが、たとえばこういう光景を考えて頂きたい。

ベナレスというガンジス河畔の聖地がある。三島由紀夫の最後の作品にも出てくる場所で、彼のイメージを借りると「人が死ぬために来る町」と言っても差し支えがないだろう。

そこに足を踏み入れた者は汚穢《おわい》と騒音、聖なるものと不思議なるものとが溶け合い、混じりあうのをみて烈しい衝撃をうけるだろう。

たとえばヒンズー教徒は亡くなった者を母なるガンジス河の岸に運び、薪を重ねて白い布に包まれた死体を焼く。焼け残った肉を鳥がついばみ、野良犬が食べている。

焼いた灰を火葬係がガンジス河に流す。

その地点のそばでヒンズー教徒の男女は平気で沐浴《もくよく》し、口をそそぎ、合掌《がっしょう》をしているが、その姿はよく写真などで皆さんも目にされるだろう。

私が驚いたのはそれではなく、この死者を焼く地点の傍らで結婚したばかりの花婿と花嫁とが僧の祝福を受けていたことだ。

つまり、これからあたらしい人生に入る者と人生を終えた死者とが相並んでそれぞれの儀式を受けている光景——こんなことを日本で考えられるだろうか。

日本では披露宴で死を語るなど不吉なことと拒絶されるだろう。しかしこの国では生と死が対立するのではなく溶け合い、混じりあい、少なくとも隣りあわせになっているのが、ガンジスを訪れた日、私にはよくわかったのである。長年、自分の心のなかで求めていたものがここに「見出された」という悦びで胸がいっぱいだった。

そういう対立したもの、美と醜、汚穢と聖なるものの背中あわせが、この印度の至るところで、日常生活のなかで見出される。印度の深い、あまりに深い魅力はそこにある。

『心の砂時計』（エッセイ）

†

上顎癌《じょうがくがん》の疑いがあった時、

「まあ五年生存は五十パーセントですから五年は生きる可能性がありますと医者は言うんです。五年生存が五十パーセントということは、五年まで生きた人は五十パーセントで、あとの五十パーセントは死んでいるということですからね。生存しているといったって、私は上顎癌の患者を知っているけれど、骨を削りとっていたり、目を取られていたり、舌を切り取られていたりしたお気の毒な方もおられます。入院するまで、夜など眼をあけて、そういうふうに自分がなっても生きつづけていくべきだと心に言いきかせました。私は自分の信仰しているイエスがもっと苦しんだことを知っていましたから、そのことを考えて、自分を励ましました。もし自殺などすれば、自分の今日までの文学を裏切る気がして、やはり小説家であってよかったとも思いましたが、心が動揺また動揺したことも事実です。

この時、わかったのは、自分がまだ死について覚悟ができていないということでした。

『死について考える』（エッセイ）

†

長い苦しい病い――それは死の恐怖のことです。そしてセスブロンはこう言っています。ある人たちにとって死は「虚無と取っ組みあう」ことであり、別の人たちにとっては自己と対決することであり、また別の人には神のうちに沈むことである。二つの考え方があるんです。禅などのように自分の力で悟りを開き、死を迎えるのは自己と対決することでしょう。しかしそこには虚無と取っ組みあうものがかくれていないか。たとえば浄土宗とか浄土真宗のように、阿弥陀さんにすがって成仏するというのもあります。人間にも自力型と他力型とあるように。それに宗教には自力の要素と他力の要素とが混ざり合っています。自力信仰は死に方を大事にするでしょうが、他力信仰は死に方をそれほど問題にしないと思うのです。

宗教の二面性の一方を、自力信仰型の人は自力信仰のほうを強調するし、他力信仰型の人は他力信仰のほうを強調します。自力の禅では来世なんてものはありゃせんとぴしゃっと言いますが、他力の浄土真宗なんかでは、死んで阿弥陀様の世界へ行くという考え方をします。

『死について考える』(エッセイ)

†

『往生要集《おうじょうようしゅう》』を読むと、病人のそばで仲間たちが、花が咲き香ったきれいな極楽を心に思いえがかせていますね。あれは一種のホスピスです。ホスピスとは末期癌の患者に肉体の治療と共に心の慰めを与えることですが、日本には昔から長いあいだ日本流のホスピスがあったんですね。「観無量寿経」や浄土宗の引声念仏《いんじょうねんぶつ》やまた称名念仏《しょうみょうねんぶつ》はあれはホスピスですね。あるいは死に支度なんですね。いかにして死をこえるかの方法を教えていたんですね。それが自力宗教の禅にはなく、他力宗教の浄土宗で行なわれたことは私には興味があります。

　今、末期癌の患者の看護を病院の看護婦さんたちが問題にしています。

　末期癌の患者たちが苦しんでいる時、どういうふうにして尊厳死させてあげようか、人間らしく尊厳な死を遂げさせるかということです。その時に一番大きなものは痛みを取り除いてやることです。痛みのために理性を失って、叫んだり、とんでもないことを口にしたりするわけだから、ホスピスというものも、精神的な慰めもさることながら、肉体的な痛みをとってやるということに集中しているんです。

　しかし日本では『往生要集』でわかるように、浄土宗ではもう平安時代から痛みをやわらげるほうはともかく、精神的慰め、精神のほうのホスピスをやっていたわけですね。

『死について考える』（エッセイ）

†

　人が死をおそれる理由のひとつには、自分のすべてがその日からまったく消滅する感覚に耐えられぬこともあるらしい。

　私もむかし大病で入院していた時この消滅感に悩み、自分が死んだ翌日も「空が青く、街が昨日とおなじように生活の営みをつづけている」と思うと言いようのないつらさをおぼえたが、その心理はその後、少しずつ克服しているような気がする（が、これもその場になってみないとわからない）。

しかし今の私にとって救いなのは、別に泰然自若《たいぜんじじゃく》として死ねなくても、ジタバタして死んだところで、それが人間の死だという気持になってきた点である。私の先輩作家の椎名麟三が洗礼をうけたあと「これでのたうちまわって死ねると思ったね」と私に嬉《うれ》しげに言ったのを憶《おぼ》えているが、今はそれがよくわかる。

日本人は古来、死にさいして見苦しくしてはならぬという信念を持ち、美しく死ねることを願ったが、基督《キリスト》教のイエスは十字架で死の苦しみを赤裸々に人間にみせてくれた。

今の私には見苦しく死のうが、見苦しくなく死のうが、そんなことは神からみれば大したちがいはない、という気持がある。

『生き上手　死に上手』（エッセイ）

†

たまたま春秋社という出版社の月刊雑誌「春秋」をめくっていて、この演説（注・『死ぬ瞬間』『続・死ぬ瞬間』を書いたキューブラー・ロスが京都のトランス・パーソナル学会でした演説）の翻訳を読んだのである。

読んで、何ともいえぬ感動をおぼえた。この感動を私は会う人ごとに伝えたくてたまらない。

彼女は二千五百人ほどの蘇生者にインタヴューをした。蘇生者とは医師に「お亡くなりになりました」と宣告されて三分後、五分後にまた息を吹きかえしたような患者のことを言う。

「あなたは」とロス先生は一人、一人にたずねた。「息を吹きかえすまで、どんな体験をなさったのですか」

この質問に蘇生者たちが答えた、二千五百にちかい回答が彼女の手もとに集った。ところが、その回答にはふしぎなことに共通したものが見られたのである。その共通したものを彼女は京都でスピーチをした。

共通したものは三つあった。

第一は意識と肉体との分離である。具体的には死んだ瞬間、自分の遺体をとりかこんで家族が泣き、医師が死を宣告している光景を蘇生者たちがはっきり見ているのである。一人の眼のみえぬ老婦人の死に、ロス博士は立ちあったそうだが、彼女は蘇生したあと、

「先生はその時、こんな服装をしていましたね」

と眼がみえなかったにもかかわらず、自らの死に立ちあったロス博士の服装の色まではっきり言ったという。

そして蘇生者たちはこの時、遠く離れた母親なら母親、わが子ならわが子という会い

たい人のところにすぐ行くことができたとのべている。

サンフランシスコの病院に横たわっているにもかかわらず、ニューヨークのわが子が何をしているか見えるのだ。

第二は自分より先に死んだ肉親や愛した者がそばに来て助けてくれようとしているのを、はっきり感じたという。言いかえるならば、愛した死者と再会できたというわけだ。

第三はロス自身の表現をかりるならば、「愛と慈愛とにみちた光」に包まれ、その光の源の方向に行きたいと思ったが、その時、息をふきかえしたという。

以上の三つをロスは京都の国際学会で語った。その時、列席されていた京大の河合隼雄氏によると、ロス博士は気さくな、小柄なおばさんだったという。

もしロスが何かの宗教者だったり、宗教を説くためにこのようなスピーチをしたというなら、私などもその話を荒唐無稽《こうとうむけい》なものとして退けただろう。

しかし彼女は一人の医師として、医学者として自分が二千五百人の蘇生者から聴いた話をそのまま報告したにすぎぬ。しかしその報告の途中、彼女が「今は、私はもうひとつの世界が我々の死後にあることを信じます」と言っているのは注目に価する。

以来、癌に冒された子供たちに、

「ぼくたち、どうなるの」

ときかれると、ロス博士は、

「あなたはサナギのカラをここに残して、あの世で蝶になるのよ」と言えるようになったと告白している。

サナギのカラを地上に残して、蝶になる。何という美しいイメージだろう。その一節を読んだ時、私はしばしば、それらの文字を見つめていたくらいだ。

『眠れぬ夜に読む本』（エッセイ）

†

外国人の人ももちろん家族との結びつきは強い。しかし死ぬ時「自分の家族の中で死にたい」と誰もが口をそろえて言わないだろう。

一つは「生きる」ことを外国人の場合、個人の責任と結びつけて考えるからだろう。そしてかなりの人がキリスト教信者でもあるからだろう。

日本人は個人の責任で生きることにまだ熟していない。というより今でも個人よりは家族との結びつきで生きている日本人が多い。私は日本人のなかには特定の宗教は信じてはいないが、「家族教」という宗教を持っている人が多いと考えている。

土居健郎教授の説以来外国人にもよく言われる日本人の「甘え」と言われればそれまでだが、日本人は生きている間は蟻のように勤勉なくせに、彼と家族との関係はまるでカタツムリとその殻のように終生、離れることはない。

親の死目に会えない子は「不孝者」と言われるし、その子自身も自分のそんな行為を終始、やましく不孝に思う——そんな気持が今の日本人にも深く残っているのだ。私個人について言っても、私が死ぬ時、家族や結婚した子供が枕もとにいない光景など絶対に想像ができない。

だから日本では医師や看護婦だけによる「完全看護」などはアメリカ・スタイルのものであって日本人的ではないと私は思っている。

外国人からみると、こういう死にかたはやはり「甘え」とみえるだろう。しかし、それが「甘え」でも私は直す必要はないと考えている。『異国の友人たちに』（エッセイ）

†

私が大変面白く思うのは釈迦《しやか》とキリストの死に方が全くちがうことです。お釈迦様は、お弟子たちや鳥や獣や虫たちにまで囲まれて、惜しまれて死んで行ったわけですが、それが東洋的感覚で言ったら、死に際がきれいということでしょう。死に際がきれいだったということが形を変えて、特攻隊であったり、切腹したり、いろいろの形があるけれども、ともかく死に際がきれいだったということが大変大事なことなんですね。

しかしキリスト教の場合は、キリスト自身が十字架の上で、槍《やり》で突かれて苦しんで、最後まで苦しみながら、一見絶望的にきこえる言葉まで口にされました。神よ我を見捨て給うやなどと。

しかし、これは詩篇のなかの祈りの言葉で神を呪う言葉ではないのですが、それを認めない解釈もあります。非常に苦しんだ死に方です。しかも、その死に方を聖書は肯定しているわけです。そのうえ、キリスト教の信者は、そのイエスの死に自分の苦しみを重ねて考えるようになっていますから、そこのところが仏教徒とはちがうわけです。

『死について考える』（エッセイ）

すべてを神に委《ゆだ》ねる

私は自分が死に面した時、「狐狸庵《こりあん》死すとも文学死せず」などと立派なことを言える自信はありません。ゲーテのように「もっと光を」という含蓄《がんちく》ありげな言葉をつぶやくかわりに「もっとお金を」などと、とんでもないことを口走りそうです。「苦しい」「死にたくない」「助けて」と叫ぶ可能性だってあります。

しかし、今の私は何度も申しましたように、それでも仕方ないと思っています。見苦しいことはほめられたことではありませんが、しかし心の底にかくしている不安や恐怖は誰よりも神様がご存じです。

イエスさえ十字架で「我渇《かわ》く」という呻《うめ》きを口に出されました。しかし「われ、すべてを汝《なんじ》に委《ゆだ》ね奉《たてまつ》る」――私の心の奥には一方では悲鳴をあげながらも、他方では「すべてを神に委ね奉る」という気持ちがあります。

キリスト教信者でない方も、その時には自分を越えた大きなものに「すべてを委ねる」という気持ちにはならないでしょうか。自分を今日まで包んでいた大きな生命、自分を越えた大きな生命をそれまでは信じていなくても、病床にあればやはり考えもなさるでしょうし、ひょっとしたら、死を前にした鋭敏な感覚でそれを感得するかもしれません。

『死について考える』（エッセイ）

†

神や仏もないものかの次に「神や仏にすべてをゆだねる」という心構えがある。私はまだまだその気持に達していないが、「死ぬ時は死ぬがよろし」と言った日本の聖者の言葉と「すべてをゆだね奉《たてまつ》る」と言ったイエスの言葉は同じだと思う。

『生き上手　死に上手』（エッセイ）

†

椎名麟三という先輩作家がいた。彼が洗礼をうけたあと、私にこう語ったことがある。

「これで、ジタバタして死ねますよ」

ジタバタしてというのは周章狼狽《しゅうしょうろうばい》してという意味である。死にたくないよォと叫んでという意味である。自分のそんな弱さ、みにくさを曝《さら》けだしてという意味である。

そういうすべてを特に匿《かく》さず、ありのままに人眼に曝しても、それが自分のものならそれでいいではないか、と椎名さんは言ったのだと思う。

断っておくが私は毅然とした死に方を「無理している」と批判しているのではない。毅然とした死に方ができるのは、その人の思想によるというより、持ち前の性格によるものだと思っているから、尊敬はするが、万人がそうあるべきだとも考えない。

聖書のなかのイエスは必ずしも毅然としては死ななかった。むしろ彼は「主よ、主よ、なんぞ我を見棄てたまひし」と叫び、死の苦しみ、死の辛《つら》さを味わった。

しかし我々が心うたれるのはイエスが臨終の時、次の言葉を口にしたからである。

「わがすべてを神に委《ゆだ》ねたてまつる」

私が死ぬ時もこの気持には結局なるだろう。

「すべてを神に委ねたてまつる」とは自分の立派な部分だけでなく、弱さ、醜さすべてを神という大きなものに委《まか》せることである。椎名さんが、

「これでジタバタして死ねますよ」

と言ったのもそういう意味だったにちがいない。

だから私はイエスと彼のこの言葉に無限の信頼感を見いだすのだ。

毅然として死ねない人よ。

それでいいではありませんか。人間をこえた大いなる天、大いなる命は毅然として死ななくてもそんなことは問題にしないのだ。

私の友人でカトリック司祭である井上洋治神父は、

　裏をみせ　表をみせて　散る紅葉

という句が好きである。

神――大いなるものは表だけでなく、我々の裏の裏までもよく御承知なのである。

『変るものと変らぬもの』（エッセイ）

†

最後の食事を終えたあと、イエスは町を出て、城外に向かいました。そこにはオリーブの油を搾《しぼ》る搾油《さくゆ》所（ゲッセマネ）がありました。

このゲッセマネで眠っている弟子たちから少し離れて、イエスは間もなく襲ってくる恐怖と闘いました。この数カ月の間、彼は自分の死を決心していましたが、その死を今、現実に待つことは、やはり恐ろしく、辛かったからです。

なぜなら、彼の死は愛のための死でしたから、もっとも惨めで、もっともみすぼらしい形で来るにちがいなかったからです。人間は、自分を愛してくれる者のために死ぬのは、まだやさしいのですが、しかし、自分を愛してもくれず、自分を誤解している者のために死ぬということは、じつに辛い。

英雄的な華々しい死に方をするのは、まだやさしいのです。しかし、誤解の中で人々から嘲《あざけ》られ、唾《つば》はきかけられながら死ぬのは、もっとも辛いものです。この、もっとも辛い行為――英雄的でもなく、美しくもなく、人々の誤解と嘲りの言葉や、唾はきかけられる中で死んでいくことを、イエスはこの時、知っていたわけです。

「ルカ福音書」は、この時の彼の苦悩の叫びを、次のように書いています。

「父よ。思召《おぼしめ》しならばこの苦悩の杯《さかずき》を我より取り除きたまえ。さりながら、我が心の儘《まま》にはあらずとも、思召しのごとく成れかし……。祈る事、いよいよ切《せつ》に、汗は土の上に滴《したた》りて血の雫《しずく》の如くなれり」

『私のイエス』（エッセイ）

†

永遠に人間の同伴者となるため、愛の神の存在証明をするために自分がもっとも惨めな形で死なねばならなかった。人間の味わうすべての悲しみと苦しみを味わわねばならなかった。もしそうでなければ、彼は人間の悲しみや苦しみをわかち合うことができぬからである。

人間にむかって、ごらん、わたしがそばにいる、わたしもあなたと同じように、いや、あなた以上に苦しんだのだ、と言えぬからである。人間にむかって、あなたの悲しみはわたしにはわかる、なぜならわたしもそれを味わったからと言えぬからである。

『イエスの生涯』（エッセイ）

†

亀井さんの「文学者の最後」の中に、正宗白鳥さんの「文学者の葬式」という文章の一節を引用しているんですが、その中で正宗さんは国木田独歩《くにきだどっぽ》の死に際について書いています。

「独歩の死際は、外形的には運がよかつたが、心の悩みは烈しかつたらしい。動物本能の死の恐怖に打勝てなかつたらしい。昔教を受けた植村正久《うえむらまさひさ》先生を招いて救ひを求めたのであつた。先生は『ただ祈れ』と勧めたさうである。簡にして要を得た言葉である。『祈れませぬ』と、独歩は答へて哭泣《こっきゅう》したと伝へられてゐる。これも簡にして要を得た言葉である。人生を解く鍵が此処に潜んでゐるとも言はれようか」

この中の、「ただ祈れ」ということはどういう意味でしょうか。植村正久はプロテスタントですが、プロテスタントの祈り方もカトリックと同じようなものだと思います。「ただ祈れ」という意味は、たとえば私の友達が、私に「ただ祈れ」と言ったとしたら、今大変苦しいだろうけど、その苦しさに身を任せなさい、苦しくても神様は最後には悪いようにはしないのだから、神様に身を任せなさい、ということを、ただ祈れという表現で言ったかと思います。

もっともカトリックの場合は祈りの文句は決まっていて、自分で勝手に作るわけではないのです。プロテスタントの場合は、たとえば、

「山田君のために祈りましょう」

とか、

「遠藤周作君のために祈りましょう」

と言うと、皆が立ち上がって、その代表者みたいな人が、

「神様、今日は遠藤周作君のために……」

なんて言いますが、それを聞いていると、私は時々いささか恥ずかしくなりますが、カトリックのほうではそんな気持ちにならないのは、祈りの文句が三つか四つ決まっているからでしょう。

死ぬ時に、カトリックの人が、

「祈りましょう」

と言った場合、こっちの憶えている祈りを代わりに言ってくれて、自分は死の床で同じ文句を唱和するわけです。

「天にまします……」

と言えば自分も、体力がなくて口には出せなくても、心の中でとなえるわけです。

植村正久が祈れというのはプロテスタントですから、各自の主観によって祈れということです。カトリックのように決まった祈りの文句がないのだから、多分、

「苦しいでしょう。早くこの苦しみを取り除いていただくようお祈りしなさい」

「神様にすべてをお任せいたしますということを祈りなさい」

というふうに言われたのだと思います。

独歩が祈れませんと答えたのも、カトリックではよくわかります。祈れません、と言っても、それが既に祈りになっているのだから一向に構わぬ、と私は思うのです。

「苦しくて祈れません」

「不安で祈れません」

「もう絶望して祈れません」

「神様がいないような気がしてきましたので祈れません」

「こんな目にあわせる神様、とても祈れません」

というような祈れませんであっても、それは神との対話ですから既に祈りです。たとえ祈れなくても神がそれを大きく包んでくれるというような感じがします。椎名麟三さんに聞いたわけではないけど、椎名さんはたとえ神を呪うようなことを口にしても、神にすべてを委《ゆだ》ねるという信仰を持たれたのだと思います。

独歩が、祈れませぬ、と言って哭泣したのが私にはわかるような気がします。そう言っ

てもそれを救ってやるのが本当の宗教だと思います。

そんな時祈れないというのも人間なんだから、それでいいんですよ、と言ってあげられるのが本当の宗教でしょう。

浄土真宗の場合、ただ念仏を唱えなさい、そしたら救われる、南無阿弥陀仏《なむあみだぶつ》は阿弥陀様にすべてを委ねます、ということですから、イエスの最後と同じなんです。イエスは十字架の上で、「我渇く」とか「何ぞ我を見捨て給うや」と言ったけれど、最後には、「すべてを委ねたてまつる」と言って息を引きとったわけです。この「すべてを委ねたてまつる」が、南無阿弥陀仏と似たような意味ではないでしょうか。

前にも言ったように、たとえば末期癌の患者が、自分の病気を告げられると、怒り、取引しようとしたり、いろいろ経過があって、最後は死を受容するということをキューブラー・ロスのものには書かれていますが、死を受容する前の状態が独歩の「祈れませぬ」ではないでしょうか。

キリストの「我渇く」や「何ぞ我を見捨て給うや」のところが独歩の「祈れませぬ」だと思います。

それが「すべてを委ねたてまつる」になり「南無阿弥陀仏」つまり「阿弥陀様にすべてを委ねます」ということになるのだと思います。

私がフランスで親しくしていた神父が、

「この世に生きているのは私にとって、実はおもしろくないのです」

と言ったことがあります。

「本当に死が訪れたら、どんなにいいかと私は毎日思っている」

と言うんです。彼にとって死は解放なんですね。

苦しい人生から解放されるという受身の形の死の迎え方というのがある一方、勇躍して死に飛び込んで行くという死に方もあります。自分は神の許へ行けるんだという積極的な死への入り方もありましょう。死を迎えるというか、死に向かうというか、死に到達するためのいろいろの心理があるでしょう。

しかし今の私にはこの心理にはまだまだとてもなれません。むしろ私には「祈れません」という独歩の言葉のほうがわかるような気がします。私にも「祈れません」と言うような状態になることがありましたからね。

この前の手術の時の経験から類推して言うと、祈れないというような心、いろいろな本能との格闘、その後に肉体の疲労や衰弱、そんないろんなものの混じり合った中で、「すべてを委ねたてまつる」という心境が訪れて来るのだろうと思います。

『死について考える』（エッセイ）

老いて神に近づく

長寿ということが人間の幸福と思われていたのは昔のことだった。昔のことをいうより、この世につづく次の世界を信じている時代の話だった。山折哲雄氏の『神から翁《うやま》へ』、西田勝男氏の『神々の原形』のような本を読むとかつて老人たちが人々から敬われていた理由や事情がよくわかる。私の幼い頃でも、もはや社会的活動のできぬ老人も皆から敬意を払われていた。

それは老人が次の世界――神の世界に壮年や青年よりも近い場所にいるためである。能に出てくる翁《おきな》のイメージを戦前は老人に重ねてみる気持が社会に残っていた。

しかしこの世につづく次なる世界を信じない現在では老人はプラスの面ではなく、マイナスの面でしか考えない。聖なる翁の面影を老人のなかに見つけられることは至難になった。

『生き上手　死に上手』（エッセイ）

この年齢《とし》になると真夜中、ふと目のさめることが多い。眼をあけて自分の人生をかすめた人たちのことを思いだし、嚙《か》みしめ、恥しさと後悔とのまじった気持に胸しめつけられ、呻《うめ》きにも似たかすかな声を時にはあげることもある。　『人生』(小説)

†

†

年をとるにしたがい、私は人間の奥行きやふしぎさを、たんにそれが合理主義的でない、客観性に欠けているという理由だけで、思考から排除してしまう今風の考え方が次第に嫌になってきた。

私の愛用した品々に——たとえば私の文房具、眼鏡、原稿用紙に——それにたいする私の愛着や思いがいつまでもしみこんでいると思ったほうが、生きているうえでどんなに深味があるかわからない。

愛していた死者が使っていた物品にも彼等の執着《しゆうちやく》や人生の一片がしみついていると思ったほうが、それを冷たく拒絶する合理主義よりも、どんなに暖か味があるか、わからない。

私は尊敬する作家や詩人の草稿を幾つか持っている。あのテレビのあと、改めてその草稿を見ると、そこには彼等のただならぬ苦心や魂の投影がいまだに息づいていると思うようになった。

『心の航海図』（エッセイ）

†

病気や老年は人間にとって神様が、

「自分の素顔を見てごらん」

とおっしゃって鏡をわたしてくださったのだというような気がしてきています。特に、上顎癌《じょうがくがん》かもしれぬ、と言われて手術をした時から、そういう気持ちになっています。自分のなかの深層心理に関心をもったのもその時からです。

そして、神様や仏様が問題にされるのは、この他人や世間にはかくしている素顔のほうだったのだ、と思うようになりました。

「さあ、お前は年とった。死が迫ってきたのだよ」

と神はおっしゃいます。

「これからは、お前の本当の顔をまじまじと見る時がきたのだ」

「なんのためですか」

「それが、お前が私のところに持ってくるお前自身だからだ」

「では友人や家族の眼にうつっている私の顔は？」

「あれは地上に残していくお前のかたみのようなものだ。しかしかたみは思い出の種になってもお前そのものではない」

こうした会話をどれくらい、真夜中、私は闇のなかでくりかえしたでしょう。

これが死の不安に苦しめられた時の、私が神からもらった大きなプレゼントでした。シュタイナーの言葉をここで思い出します。青年時代は肉体の季節、中年は心と知性の季節、そして老年は魂の季節。

魂は肉体や心の奥底にあって、本当の声を――いわゆる本音をついに出しはじめるようです。

このように、私はキリスト教徒ですから、死ぬ時に心の底にかくしていたものが現われて、あるいは悶え苦しむかもしれぬ。しかし、その本音を神はわかってくださる、と考えています。

『死について考える』（エッセイ）

†

老年とは醜く、辛く、悲しいものだと申しましたが、もうひとつの面もあるようです。自分の経験から申しますと、たとえば夕暮れ、仕事場の窓の向こうの東京の街やその街の上にひろがる銀色の雲、雲のあいだから落ちる光を眺めている時、急に何ともいえぬ感動に胸しめつけられることがあります。

それはやがて自分がここから去る日が来るだろうが、しかし自分がこうして生まれたことが、また自分をふくめてこの地上で生きてるすべてのものは苦しんだり愛したり結びあったり別れたりしていた一人一人の人間だったことが、言いようのない懐かしさで考えられるのです。

それは若いころには決して味わわなかった感情なので、あるいは老人の感傷かもしれません。しかしその感傷のなかには人間の人生やこの地上を肯定したいという気持ちが含まれています。

『死について考える』（エッセイ）

†

「老い」とは、こうした眼《め》にはすぐには見えぬもの、耳にはすぐに聞えぬもの、言語では表現できぬものに心かたむいていく年齢だという気がする。

『生き上手　死に上手』（エッセイ）

†

周知のように印度《インド》人の八〇パーセントを占めるヒンズー教徒は一生を四つの時期にわけるという。

まず若い頃は学生期《がくしょうき》と言って、聖典などを学ぶ時期である。

次に家長期《かちょうき》がやってくる。これは文字通り一家の家長となるため、結婚し、子供を作り、祖先を祭る時期である。

壮年時代までの家長期が終ると林住期《りんじゅうき》といって、妻と共に人里離れた場所に住み、宗教的な瞑想や思索を行う時期である。

そして更に人生の老いに入ると、この世にたいするすべての執着を捨てて、聖地を巡礼して歩く時期がくる。これを遊行期《ゆぎょうき》とよぶ。

もちろん、すべてのヒンズー教徒がこの四つを実践しているわけではあるまい。しかしこういう宗教的なもので人生の設計図を作ることがヒンズー教徒のヒンズー教徒たるところだろう。日本人の我々はヒンズー教についても彼等の宗教生活についてもほとんど何も知らない。しかし右のような話をきかされると、我々の生活と何とちがうのだろうと驚かざるをえまい。

我々日本人は自分の一生にどういう設計をたてるだろう。学生期と家長期とはたしかに我々にも存在するが、別にそれは宗教的意味に裏打ちされているわけではない。多くの日本人男性は社会で働くために学び、社会で出世するために努力するのみである。

まして五十歳代になれば林住期、六十歳を過ぎれば遊行期など夢にも思いはしないだろう。六十歳を過ぎた我々日本人が考えるのはいかに安楽で平穏な老後生活を送るかである。家を捨てて聖地を巡礼して歩くなど、日本の老人の大半の念頭には決して起らぬことである。

もっとも、このような厳しい精神的な人生をすべてのヒンズー教徒が送るわけではあるまい。しかし印度を旅した人ならガンジス河のほとりや、ニューデリーのような大都会のなかでも白く顔を聖灰で塗った行者に出会ったりアスラムというヒンズー教の修行の家に住む老人の姿を見られたことがあるだろう。それらは別に僧籍にある印度人ではなく、平凡な老いた印度人なのだ。

私も数年前、印度を旅している時、そのような年寄りに何回も出会った。彼は家を出て聖地巡礼を始めてから既に二年が過ぎた、と語っていた。文字通り、老年を宗教的精進に捧げているらしかった。そして死が近づけば聖なるガンジス河のほとりに行き、そこで自分の遺体の灰を河に流してもらうのが人生の目的だと答えた。

正直、私はその時、自分の人生と彼の人生とを比較して、その大きな違いにびっくりした。しかし歳月がたって時折、その老印度人のことを思い出すと、一体どちらが幸せなのかなぁと考えるのである。

もちろん私は年とって、死ぬまでに孤独に聖地を巡礼してまわることなどできっこない。しかしあの老人にはヒンズー教徒なりに確たる人生の原則があり、それに則って生きることを疑わぬ幸福があった。それでなければあのようにホームレスの生活を二年も続けられる筈はないからである。

　また私は日本の老人の心にからまる孤独や寂しさや愛のなさを考える時、彼等とあの印度の老人との、どちらが（本当の意味で）幸せかを比較する。そのいずれが本当に幸せなのか、正直わからない。
　しかし富みながら生きる意味も目的も多く失ってしまった日本の老人と、生活的にはみじめなほど貧しいが何かを信じ、自分の老いに方向と意味とを持つ印度の老人をくらべる気持はやはり心の底に残っているのである。

『心の航海図』（エッセイ）

宇宙の声を聞く

「小説とはこの世界のさまざまな出来事のなかから、宇宙のひそかな声を聞きとることだ」

この世のさまざまな出来事とは、別に茶室の茶器や諸道具のように清浄にして美しいものだけを言うとは限らない。

いや、むしろ、その反対である。あまりに醜悪な、よごれきった人間的行為や心情の奥底にも実は宇宙のひそかな囁《ささや》きが聞える、と私は次第に思うようになってきた。

そしてそうした醜悪な心情や行為や人間ゆえのよごれのなかに深い意味があるのであって、その意味をほり出すことが私の今の大きな関心事である。

『生き上手　死に上手』（エッセイ）

私が茶道で一番、心をひかれたのは「沈黙の声」を聴くということだった。茶室ではすべてのものが緊張した静寂を作り出そうとしている。しかしその静寂は「何もない」ナッシングの空虚な静かさではない（と、私は感じた）。その静寂は表面は無言だが、宇宙のひそかな語りかけに接することのできる静かさであり、我々はその語りかけを耳にするために静寂な茶室に坐《すわ》るのだ。

『生き上手　死に上手』（エッセイ）

†

「御存知ですか。水をかけてやる時、植物に話しかけておやりになると、相手は理解するのですよ。嘘だとお思いでしょうが、やってごらんなさい」

彼女は下町の育ちの、やはり植木が好きな、心やさしい人妻だった。

正直いってそう言われた時、半信半疑だった。そんな莫迦《ばか》げたことがあるのかという気持と同時に、ひょっとして草木にも特別な能力があり、人間の言葉はわからずとも、こちらの願望は敏感に感じとってくれるのかもしれぬという気がした。

当時、一つの植木鉢に朝顔の苗を植えていた。子供の時から朝顔の好きな私は、しめきった仕事場の隅にも、朝方に大輪の花を見たかったのである。

彼女から教えられた翌日から、私はその朝顔に水をかけるたびに、

「たくさんの花を咲かせてくれよ」

と声をかけた。そして自分の声がいかにも相手から利得をせしめようとする猫なで声であるのを感じ、今度は息を吸いこんで真剣な呼びかけを行った。

この一方的な説得は毎日つづいた。その説得が功を奏したのか、その夏、たった一つしかない朝顔の植木鉢には次々とねじれた蕾《つぼみ》があらわれ、氷いちごのような色を帯びはじめ、二、三日すると眼をさました私に笑いかける花が待っていた。

それだけなら、私は別にふしぎに思わなかったにちがいない。夏がおわる頃、私が朝顔にかける言葉はちがってきたのである。

「枯れないでくれよ。いつまでも花を咲かせろよ」

そしていたわりの言葉をつぶやきながら水を注いだ。

その結果、驚いたことには、秋になっても朝顔の花は絶えなかった。もちろん、夏のように毎日一つや二つというわけにはいかなかったが、週に二つほどの花は私の眼を楽しませてくれたのである。

「みろよ。この朝顔」

と私は家人に自慢した。

「人間の言葉が通じているらしい」

「本当だわ」と家人は言った。「はじめて見ましたよ、十一月にも朝顔が咲くなんて」

「よし、こうなれば冬の間も咲かせてみる」

読者はおそらく私の次の言葉をお信じにならないかもしれない。しかしもし何かの時に私が雪のふる外で、大きな花を咲かせた植木鉢をかかえた写真をおめにかけられたら、どんなにいいだろう。

本当なのである。私のアルバムには、この記念すべき、そしてギネス・ブックにだって掲載されるかもしれない証拠写真がはりつけてある。

その日、東京は大雪がふった翌日だった。にもかかわらず、仕事部屋には大輪の赤い朝顔が両手を存分に拡げたように咲いていた。『ピアノ協奏曲二十一番――箱』（小説）

†

この夏、私に工作舎という出版社の田辺澄江さんが、『青い鳥』の作者モーリス・メーテルリンクの『花の知恵』という本を送ってくださった。

仕事の合間、草のなかにディレクター・チェアをおいて、花や樹について細かい観察と詩的な洞察を示したこの本を舌なめずりをしながら毎日頁《ページ》をめくった。そして私はその本のお蔭で、樹々や花のなかにある眼にはみえぬが、確かに存在する生命の秩序を感じた。花を通し、樹を通し、蛾の羽の洒落た模様を通し、カケスの巣の形を通し我々に語りかけてくる何か深い秩序。この本のランテリジャンスという言葉を訳者が知性という人間の傲慢《ごうまん》な用語ではなく、知恵という宇宙の声と結びつけた訳語にしたのが私には嬉しかった。

「植物にとって最も重い掟《おきて》といえば明らかだ。それは植物が終生の不動を宣告されているということだ」

当然といえば当然だが、こんな言葉ひとつだって森のなかでそれを読んだ私には、体を何か大きな力が突きぬけたぐらい新鮮だった。「そうか。君たち、そうだったんだな」と私はまわりの胡桃や栗の樹を見まわして話しかけたぐらいだ。

「そこから君たちのすべての命の動きが始まるんだな」

『万華鏡』(エッセイ)

†

最近、面白いインターヴューと面白い本とを読んだ。インターヴューのほうは武田勝彦氏が宇宙飛行士のシュワイカート氏となさったもので、このシュワイカート氏はアポロ九号で月に行った一人である。

「地球を見おろすと夜と昼との境目のあたりに光がかすかに点滅して見えました。地球の自転と共に夜の部分が拡がり、光の輝きが増していきます。えもいわれぬ美しい光景でした」

そしてやがてシュワイカート氏は静寂なアポロ九号のなかで突然に次のような自問自答にふける。「私はなぜ、ここにいるのか」「私はだれなのか」。そしてこう思う。「私は全人類の代表としてここにいる。私は人類意識の感覚器官だ」

その感覚器官は現実に目撃する宇宙を次のように捉えたのである。宇宙はそれ自身大きな生命であり、「地球もそれ自体、生命体であり生物なので、地球は決してそこに生命が生息する惑星ではないのだ」。

宇宙は大きな生命である。そしてその生命は地球を包み、地球に生息《せいそく》するすべての生物に吹き込まれている。これがシュワイカート氏の宇宙飛行の体験だった。しかしこれは彼の固有のものではなくて、立花隆氏の『宇宙からの帰還』を読まれた人は他の飛行士もおなじ感覚を味わったことを御存知だろう。

もうひとつ、面白く読んだ本はＡＢＣ出版が出した『トマトの巨木の生命思想』という本である。これは草柳大蔵氏とハイポニカ栽培法という独自の栽培法を開発した農学者の野沢重雄氏との対談だ。

野沢氏も農学者としてまた宇宙はひとつの大きな生命体であり、地球もまた生命体としてその大生命に参加している部分だと考えはじめた。

そして氏の独特の栽培理論はこの理論からトマトやメロンに宇宙の大生命をもっと吸

収させてやることであり、地球という小生命が小生命なるゆえに持たざるをえぬ制約を排除することだった。

栽培法についてはこの本を読んでいただきたい。とにかく、この結果、一本のトマトから幾つの実がなったと思いますか。一本のトマトですよ。百個？　いいえ、千個？　まだまだ。なんと一万個の実が鈴なりになったのである。嘘だと思ったら筑波万博の政府テーマ館に行ってごらんなさい。数千個の実のなったトマトが見られるのです。

シュワイカート氏も野沢氏もまったく別の立場から「宇宙が大きな生命」であり「その生命が地球にそそがれ、地球もまた生命体だ」という意見と体験とを持った。しかも二人は無関係であり別の国に生まれた方たちである。

この宇宙大生命をシュワイカート氏は従来の宗教のように「神」と言うことを嫌い「ライフ・フォース」と呼んでいるという。

私はこのインターヴューと本とを読んで何とも言えぬ興趣《きょうしゅ》をおぼえた。というのは今の基督《キリスト》教でも今の仏教でも一人一人の人間を包み、それを生かしているXのあることを考え、それを「仏の働き」「基督の愛」というふうによんでいるからだ。そして仏とか、基督とかという呼称のちがいはともかく、両者とも我々人間に内在し、包含している生命の働きのあることを考えている点では共通しているからである。

一方、シュワイカート氏も野沢氏も別に基督教徒でも仏教徒でもない。しかしお二人とも人間が単独で生きているのではなく大きなXに介入され、包含され、支えられて生きていることを認めているのは確かであり、その考えはあまりに基督教や仏教のような宗教に接しているではないか。

『心の夜想曲《ノクターン》』（エッセイ）

［信仰について］

信仰とは99パーセントの疑いと1パーセントの希望である

迷いがあるから信仰である

ひたぶるに苦しみに苦しんで神の心をついにつかんだという昔の宗教者のようなことは遠藤にはないではないか、だから、おまえはキリスト教信者じゃないと言われたら、「そうですか」と言わざるを得ません。しかし宗教を信じるというのは、そういうものだけではないんじゃないですか。

私みたいに、ちゃんと神を信じる場が設定されていてその中で自然にキリスト教徒になっていくというのも、神の働きだと思います。何度も言うように、子供の時から許嫁《いいなずけ》がいて、それと結婚して、途中で追い出そうと何回もしたけれど、居座《いすわ》ってしまったというのが信仰を持つ私の実態です。

『私にとって神とは』（エッセイ）

†

死を前にして周章狼狽《しゅうしょうろうばい》するのを、それでいいのだと言えるようになるのが信仰の第二段階だと思います。

第一段階は信仰によって死の恐怖を克服できるような気持ちになった時です。しかし、現実に死に直面して狼狽した時、それでもいいんだ、という気持ちになれることが第一段階を越えた状態だと思います。

『出家とその弟子』を書いた倉田百三《くらたひゃくぞう》は浄土真宗を信じていたはずですが、死の床でどうしても浄土が思い浮かばぬと歎《なげ》いたそうです。彼はそういう人だったからこそ、その書いたものが人に訴える力があったのじゃないでしょうか。浄土が思い描けない人間だからこそ、自分を説得し、浄土とはこうだと一所懸命に書いた。だからそれが読むものへの説得力になったんじゃないでしょうか。私自身も小説を書いていて、そう思います。私は自分の心を説得するために一所懸命になって書いていますから。

キリスト教の信者になったものは、信仰の確信を持っているという誤解があります。「信仰というものは、九十九パーセントの疑いと、一パーセントの希望だ」と言ったのはフランスの有名なキリスト教作家ベルナノスですが、私は本当にそうだと思うんです。疑いがあるから信仰なんです。

浄土が思い描けないということが信仰がないっていうことじゃないんです。宗教に何の関心もない普通の人だったら、「浄土を思い描けないがどうしよう」などと言わないでしょう。信仰があるからそんなことを口にするのです。倉田百三が浄土が思い描けないと言ったことは、倉田百三にとって恥でもなんでもない、と私は思います。

『死について考える』（エッセイ）

†

本当の信仰とは合理主義や理屈をこえたもの――仏教でも言語道断とこれを言っているではないか。

『生き上手　死に上手』（エッセイ）

†

普通の人が宗教について考える疑問は、すべて私の頭を通過していきました。誰だって、戦争で罪のない子どもが死んでいくのを見れば、「なぜ、こんなことが起こるのだろう」と思うでしょう。私だって同じです。こうして、私は、「神を、もう棄てよう、棄てよう」と思ったことがいくらもあります。

しかし、そういう疑問のないようなものは、私は信仰じゃないと思う。宗教じゃないと思う。あるいは、そういう疑問を通過しようとしない信仰者というものは、本当の信仰者じゃないと思います。

さらに、この問題のすべてが解けたなんて、どこまでいったって考えられるものではありません。ただ、この問題を絶えず忘れずに解こう、解こうとしているということが、信仰、あるいは宗教であって、それを全部、手軽に解決しようというようなものは、やはり信仰ではないでしょう。

『私のイエス』（エッセイ）

†

自分の全人間性をさらけ出すということ、そういう弱さや悲しみをさらけ出すことができるという気持ちを持てた、これは、やはり信仰だと思うのです。

普通、信仰者というと、その日から疑いがすべて晴れ、安心した気持ちでいる、とあなたは思うかもしれません。しかし、何度も言うように、そんなことはありえないのです。みんなと同じ迷いをやり、みんなと同じ悩みをやっているわけです。

ただ、どこが違うかというと、迷いや悩みを持ったりしても、そういう迷いとか悲しみとかを知ってくれる人がいるのだということ、そういう存在があるのだということです。そして、これが、私はキリスト教を信じてよかったな、という気持ちになる大きな拠所《よりどころ》でもあるのです。

『私のイエス』（エッセイ）

†

私は永い間、キリスト教信者という名前だけは持っていましたけれど、本当の意味で聖書というものに感動を受けたり、あるいは教会で、これが自分の信じるものだという気がしたことは、正直言ってありませんでした。にもかかわらず、私がその後もキリスト教を棄てるということをはっきり自分に言えなかったのには、二つの理由があります。

十八、九歳になってから、つまり物心がつきはじめて、いろいろな本を読みはじめるようになってから、私はこの母親が私に着せてくれた洋服を脱《ぬ》ぎ棄てようと、何度も考えました。しかし、脱ぎ棄てて裸になったあと、私はそれに代わって着るものを、手元に持ち合わせていなかったのです。

私が十八、九の年齢の時というのは、日本ではマルキシズムというのはまったく許されない状況でしたし、また、マルキシズムについての本などは、もちろん学生の手に簡単に渡りませんでした。戦後、われわれは同じ世代の連中とよく笑い話をしたものですが、戦争中、われわれはマルクスとマルサス（編集部注・十九世紀初期、英国の経済学者。『人口論』で知られる）とを混同して考えていた、そういうような状況だったのです。

といって、自分たちの周辺にある、いわば軍国主義のような考え方、あるいは当時の言葉で言うと、行動哲学というような考え方は、いかに十八、九の物知らずで、知恵が足りなかった少年とはいえ、あまり狂気じみて、自分の着るべき洋服ではないような気がしておりました。

結論から言うと、母親が着せてくれたこの洋服に代わるものを、私は持たなかったのです。ですから、いやいやながら、ちょうど自分の洋服に対して不満を持っているが、新しい洋服を買うお金がない少年と同じように、私はその洋服をそのままずっと着つづけていました。

もう一つ、もうちょっと年を取ってから、私は母親を失いました。母親に対する私の愛着というものはひじょうに強かったので、母親がその半生を通して信じて生きたものを、自分がよく究《きわ》め尽《つ》くさないで棄てるというのは、母親に対して申し訳がない、という気持ちがどこかにありました。ですから、母親がくれたものをよくよく究め尽くして、そのあと、それでもどうしても困るならば、これを脱ぎ棄ててしまおう、という考えに変わってきました。

あれやこれや、こういった事情で、私はお仕着せの洋服をしばらく着ていたわけです。しかし、さらにその考えが変わるようになってきました。

というのは、私も人生で永いこと、いろいろな経験を積んできましたので、人間というのはたくさんの情熱で生きていくことはできない、人間というのは自分の生まれた環境、自分の生まれた場所、そういうものを背中に背負って生きていかざるをえないのだ、という考えを持つようになったのです。

『私のイエス』（エッセイ）

†

人間は、自分の自由意志で、あれこれ選択することができるのではなくて、自分がそこへ持って生まれた状況のすべてを、肩に背負って生きていかなくてはならない。少なくとも、人生の中にはこういう部分がたくさんあります。

そして、私の場合、この人生の中で肩に背負っていかなくてはならないものは、母親に対する愛着、あるいは、母親がくれたキリスト教という洋服だったのでしょう。

そういうわけで、「よし、これが日本人としての自分の肉体に合わない洋服ならば、自分のあとの半生で、自分の体に合う和服に仕立て直してみよう。仕立て直せるかどうかわからないけれども、そういうトライだけはやってみよう」

そういうふうに考えたのです。こういうことを考えたのは、おそらく大学を卒業してフランスへ留学して、向こうのキリスト教の国々に住んだという事情もあったでしょう。しかし、おそらく自分が小説の真似事《まねごと》を書きはじめたころからではなかったかと思います。つまり、洋服を和服に仕立て直すということが、私の小説家としての一つの仕事の方向にもなったわけです。

『私のイエス』（エッセイ）

宗教の始まるところ

本当の宗教というのは、神も仏もないのかと思ったところから出発するものじゃないかなという気が、だんだんしてまいりました。

私に子供がいて、それが癌《がん》にかかったとすると「神様、お願いします、助けてください」と、親だから当然祈ります。にもかかわらず死んでしまったら、奇跡も何もないじゃないか、神も仏もないじゃないかと思うでしょう。でも、そういうところから本当に宗教が始まるんではないでしょうか。

『私にとって神とは』(エッセイ)

†

日本では聖書にあるイエスの最期《さいご》の時の「主よ、主よ、なんぞ我を見捨てたまうや」という言葉を、特にインテリなどがイエスの絶望の言葉としてとらえすぎていると思います。これは元来、詩篇二十二篇の冒頭句なのですが、それは三十一篇に出てくる「わが魂をなんじに委《ゆだ》ねたてまつる」につながるのです。

十字架上のイエスはこの詩篇の祈りをとなえたのに、全体を無視して一句だけで臨終の言葉だと思うのは間違いです。息を引き取る前の言葉は「すべてを委ねたてまつる」で、そう言って首をおとしたわけです。

当時の人たちは、シナゴーグ（会堂）で祈りの言葉をたえず誦《しょう》していたので、詩篇の中の一句だけでどこの祈りということがすぐわかるわけでしょう。

ここで詩篇のこの言葉即ち「主よ、主よ、なんぞ我を見捨てたまうや」とイエスが言ったと言えば、その後を書かないでも、その後の祈りを全部言ったのだということが想像できたと思います。最後に「委ねたてまつる」になるんだということがわかっていたと思います。

しかし、そういうことを無視すると、冒頭の言葉だけが書かれているからそれに気をとられてしまって違った解釈をしてしまいます。

私は最後にはイエスがすべてを委ねたてまつって死んだのであって、必ずしも絶望して死んだのではないと思うのです。

しかし、心理的に言うと、本当に「主よ、どうして私を見捨てたもうたのですか」という心理がイエスの中に働いたとしても、決して不思議ではないと思います。やがて最後は「すべてを委ねたてまつる」になるのですが、その前に、苦しんで、絶望的な心理が働くということ、人間としてそういう気持になったとしても不思議ではないと思います。

しかし、イエスは絶望して苦しんだがそれを超えて「すべて委ねたてまつる」になることと、みんなは知らないのだから許してやってくれ、と言ったこと、この二つがイエスらしい言葉だと思います。

イエスだって手に穴をあけられたら、痛い、と言うのは当然でしょう。人間だからそう言ったとしてもイエスを傷つけることにはならないと思います。

なぜなら、「主よ、なんぞ我を見捨てたまうや」がなければ宗教は始まらないからです。たとえば子供が白血病で死なんとしている、親が一所懸命お祈りする、しかし、死ぬ。死なないというのが新興宗教で、癌でも治るというのですが、子供はおそらく死ぬでしょう。

神も仏もないものかというのが「なんぞ我を見捨てたまうや」です。そこから本当の宗教が始まります。神も仏もないものかというところから、人々は本当の宗教を考えるようになるのではないんですか。

『私にとって神とは』（エッセイ）

†

新興宗教の過失のために多くの人々が宗教について偏見や誤解を持つことが残念でならない。このままだと多くの人は宗教とは一種の狂信者の集まりであり、麻薬と同じように狂った形で人々を陶酔《とうすい》させるヒステリーだと考えるにちがいない。

文明社会の発達につれて人々は孤独になり、宗教的なものを求めはじめる。特に若い世代にその傾向が強い。

せっかちに宗教的陶酔を求め、失われた人間関係を宗教的連帯に探そうとする若者は麻薬のような宗教的興奮に心動いてしまう。あるいはカリスマ的指導者にひかれてしまう。ちょうどドイツでナチズムに多くの青年が向ったように。

しかし本当の宗教とはこんな興奮、陶酔とはまったく関係がない筈だ。それは一歩一歩のつみ重ねであり、静かな愛であり、忍耐であり、心の静かさを求めるものであろうと私は思っている。

それだけに似て非なるものが見かけの興奮や陶酔を作り出す祭儀をパフォーマンスにしてひろがることは、かえって本当の宗教を見失うことになるような気がしてならない。

『心の航海図』（エッセイ）

†

死が向こうからやってくるのではなくて、自らえらぶ死、即ち自殺という死もあります。

カトリックは自殺を認めないとよく言われます。私の考えでは、それはキリスト教が一番大事にする「愛」が自殺に欠けているからだろうと思います。人生は苦しく醜い。しかし苦しく醜いからそれを棄てるのは、ちょうど、うちの女房がデブで婆あになったから棄てるのと同じじゃありませんか。美しく魅力あるものを大事にするのは愛じゃありません。苦しく、醜いものでも大事に守りつづけよというのがキリスト教のいう「愛」のひとつの考えだ、と私は思っています。

人生は苦しいし、醜い。

苦しいから捨てる、醜いから捨てるというのなら、イエスだって十字架で何もあんなに苦しまなくてもよかったじゃないか、キリストの人生だって決して楽しいものじゃなかった、それを途中で放棄《ほうき》しなかった、最後まで十字架を背負って苦しんだ、我々も最後までイエスのように苦しんでも、人生を棄てない、というのがカトリックが自殺を認めない根拠なのです。

しかし、あのナチスの拷問《ごうもん》がフランスのレジスタンスに対して行なわれた時、お前の同志の名前を言え、と拷問にかけられた人たちが、これ以上拷問にかけられると口を割りそうになったため、自殺をしたというケースはたくさんあります。その時カトリック教会は何も言いませんでした。

盗んではいけないということは建前です。しかしエチオピアの子供とかバングラディシュの子供が、隣りの家に林檎《りんご》があって、それを妹や弟の飢えをしのぐために盗んだとしても、神は非難しません。

盗むことは原則としてはいけない、盗んでいいとは言わないけれど、状況によっては許されることだってあります。そのように、キリスト教の場合、自殺してはいけないというのは原則であって、状況によっては許されることもあるのです。それは社会の道徳と宗教倫理とがちがうからです。

『死について考える』（エッセイ）

†

自分がまさに死ぬ前に、

「ボクらはまあ、いい夫婦だったね」

と言った男の言葉は華やかではないが、実に千鈞《せんきん》の重みがある。

更に、

「今度、生れ代ってくる時もお前と一緒だよ」

という言葉は百や千の気のきいた愛情表現よりも百倍も二百倍も価値がある。

私は正直いって、ベタベタしている夫よりも、この二つの例にあるような夫のほうが好きだし、自分の感覚にもあう。

もうひとつ書いておきたいことがある。

まさに伴侶と永遠にわかれねばならぬ時、右のような言葉を言える人にはたとえある宗教を信じていなくても非常に宗教性があると思うのだ。

宗教者とはある教団に属し、ある特定の信仰の対象をきめていることであるが、そういう団体に属さなくても多くの日本人の心のなかには宗教性がひそんでいる。

なぜなら右にあげたような言葉は頭から出たものではない。知恵や心から出たものでもない、それは夫と妻とがたがいに魂から語りあった言葉なのだ。

魂から出た本当の、本気の言葉を永遠の別離の前に伴侶者にたいして口に出せる人は既に宗教性を内面に持っているのだ。そして私はそのような人は必ず、やがて伴侶者と天国にいると信じて疑わない。

『変るものと変らぬもの』(エッセイ)

†

同じ神学校で同じことを教えられた、違った国籍を持つ二人の青年がいたとします。そして、彼等の母国同士が戦争を起こし、二人は戦場で偶然遭遇《そうぐう》し、銃を向け合わなくてはならない状況に立ちいたったとして、その時、二人はどうすればいいのかということです。

しかし、この問題について、この二人はどちらも答えられないだろうと思います。ところで、こういう答えられない問題が、われわれの人生の中にあるからこそ、宗教というものが存在するのではないでしょうか。また、こういう答えられない問題というのは、われわれの人生の中にいくつもあるわけです。

そして、なぜ、こういった問題に答えられないかというと、われわれ人間は肉体と霊魂を持っているからということになるでしょう。今の例で言えば、肉体というのは戦争を起こした彼らの国家であり、政治であり、組織であって、霊魂というのは、キリスト教で言う「殺すなかれ」という命題になるわけです。

そして、この二つが葛藤するわけですが、肉体は現実のもろもろの状況の中で、〝生活〟しなくてはならない。一方、霊魂は人間個人の内面で、すなわち〝人生〟の中で生きていかなくてはならない。

しかし、人間にとって肉体と霊魂、そのどちらか一方が欠けるということは考えられません。〝人生〟だけで生きることはできないし、〝生活〟だけで生きることもできないわけです。

『私のイエス』（エッセイ）

†

五歳の頃、私たちは父の仕事の関係で満洲の大連《たいれん》に住んでいた。はっきりと瞼《まぶた》に浮ぶのは、小さな家の窓からさがっている魚の歯のような氷柱《つらら》である。空は鉛色で今にも雪がふりそうなのに雪は降ってはいない。

六畳ほどの部屋のなかで母はヴァイオリンの練習をやっている。もう何時間も、ただ一つの旋律を繰りかえし繰りかえし弾いている。

ヴァイオリンを腭《あご》にはさんだ顔は固く、石のようで、眼だけが虚空の一点に注がれ、その虚空の一点のなかに自分の探しもとめる、たった一つの音を摑《つか》みだそうとするようだった。そのたった一つの音が摑めぬまま彼女は吐息をつき、いらだち、弓を持った手を弦《げん》の上に動かしつづけている。

私はその腭に、褐色の胼胝《たこ》がまるで汚点のようにできているのを知っていた。それは、音楽学校の学生の頃から、たえず、ヴァイオリンを腭の下にはさんだためだったし、五本の指先も、ふれると石のように固くなっていた。それはもう幾千回と、一つの音をみつけるために、弦を強く抑えるためだった。

小学生時代の母のイメージ。それは私の心には夫から棄てられた女としての母である。大連の薄暗い夕暮の部屋で彼女はソファに腰をおろしたまま石像のように動かない。そうやって懸命に苦しみに耐えているのが子供の私にはたまらなかった。横で宿題をやるふりをしながら、私は体全体の神経を母に集中していた。むつかしい事情がわからぬだけに、うつむいたまま、額を手で支えて苦しんでいる彼女の姿がかえってこちらに反射して、私はどうして良いのか辛かった。

秋から冬にかけてそんな暗い毎日が続く。私はただ、あの母の姿を夕暮の部屋のなかに見たくないばかりにできるだけ学校の帰り道、ぐすぐすと歩いた。ロシヤパンを売る白系ロシヤの老人のあとを何処《どこ》までもついていった。日がかげる頃、やっと、道ばたの小石を蹴《け》り蹴り、家への方角をとった。

「母さんは」ある日、珍しく私を散歩につれだした父が、急に言った。「大事な用で日本に戻るんだが……お前、母さんと一緒に行くかい」

父の顔に大人の嘘を感じながら、私はうんと、それだけ、答え、うしろからその時も小石をいつまでも蹴りながら黙って歩いた。その翌月、母は私をつれて、大連から、神戸にいる彼女の姉をたよって船に乗った。

中学時代の母。その思い出はさまざまあっても、一つの点にしぼられる。母は、むかしたった一つの音をさがしてヴァイオリンをひきつづけたように、その頃、たった一つの信仰を求めて、きびしい、孤独な生活を追い求めていた。

冬の朝、まだ凍るような夜あけ、私はしばしば、母の部屋に灯がついているのをみた。彼女がその部屋のなかで何をしているかを私は知っていた。ロザリオを指でくりながら祈ったのである。

それからやがて母は私をつれて、最初の阪急電車に乗り、ミサに出かけていく。誰もいない電車のなかで私はだらしなく舟をこいでいた。だが時々、眼をあけると、母の指が、ロザリオを動かしているのが見えた。

『母なるもの』（小説）

復活《ふっかつ》の意味

復活《ふっかつ》というのは蘇生《そせい》とは違いますよ。復活には二つの意味があります。

イエスの死後、使徒たちの心の中で、イエスはキリスト（救い主）という形で生き始めました。イエスの本質的なものがキリストで、その本質的なものが生き始めたということです。現実のイエスよりも真実のイエスとして生き始めたこと、これが復活の第一の意味です。

それから、イエスが復活したということは、彼が大いなる生命の中に戻っていったことの確認です。滅びたわけではなくて、神という大きな生命の中で生前よりも息づいて、後の世まで生きていく。これを復活と言ったのだと思います。

復活をそう考えるのは私一人の説ではありません。私の考えでもありますが、井上洋治神父の説でもあり、ほかの神父の説でもあります。

私は、この復活の考え方に同感なんです。なぜなら、今日まで私は自分の母やある人々によってキリスト教に結びついたのは、イエスが母やそれらの人々の人生を通して私をつなぎとめたから、という感じがあり、イエスは、やはりそれらの人々のなかで生きている、復活している、と思ってきたからです。私の復活の考え方はこれです。

『私にとって神とは』（エッセイ）

†

現代人が聖書を読む時、イエスの復活《ふっかつ》の箇所にくるとはなはだ困惑《こんわく》するのは無理もありません。しかしそれは「復活」を「蘇生《そせい》」と混同しているからで、復活は蘇生ではありません。イエスの復活とは二つの意味があります。ひとつは彼が大いなる神の生命のなかで永遠に生きつづけること、もうひとつは彼の教えが人々の心のなかに何時《いつ》までもいきいきと再生していることです。あのアウシュヴィッツのコルベ神父の愛の死にはイエスの命が復活しているではありませんか。

『イエスに邂《あ》った女たち』（エッセイ）

†

復活《ふっかつ》とは我々が我々を生かし、我々を包んでいるあの大きな生命に戻り、そのなかで生きるということなのである。この大きな生命を仏教者も禅などによって体で感じている筈だ。そしてそれを悟りとよんでいるが、悟りを更にこえた生命体に参加することを復活というのである。『生き上手　死に上手』（エッセイ）

†

ねずみ色の尼僧服をきた白人と印度人の若い修道女が老婆に近づいた。彼女たちは老婆にヒンディー語で何かを囁《ささや》き、そのうつろな顔を水でぬらしたガーゼでふいた。

「マザー・テレサの尼さんたちですよ」

と江波が日本人たちに説明した。

「御存知でしょう。この町に『死を待つ人の家』を作った修道女たちです。彼女たちはカルカッタであゝして行き倒れの男女を探しては、臨終《りんじゅう》まで世話するんです」

「意味ないな」と三條が嘲《あざわら》った。「そんなことぐらいで、印度に貧しい連中や物乞いはなくならないもの。むなしく滑稽《こっけい》にみえますよ」

滑稽と言う言葉が美津子に大津のみじめな半生を思い出させた。三條の言うように、大津がヴァーラーナスィの町で、瀕死《ひんし》の老人や老婆を無料宿泊所や河の火葬場に運んでも、それはどのくらい役にたつのだろう。それなのにこの修道女や大津は……

「わたくしは日本人です」

と美津子は白人の修道女に話しかけた。

「何のために、そんなことを、なさっているのですか」

「え」

修道女はびっくりしたように碧《あお》い眼を大きくあけて美津子を見つめた。

「何のために、そんなことを、なさっているのですか」

すると修道女の眼に驚きがうかび、ゆっくり答えた。

「それしか……この世界で信じられるものがありませんもの。わたしたちは」

それしか、と言ったのか、その人しかと言ったのか、美津子にはよく聞きとれなかった。その人と言ったのならば、それは大津の「玉ねぎ」のことなのだ。玉ねぎは、昔々に亡くなったが、彼は他の人間のなかに転生した。二千年ちかい歳月の後も、今の修道女たちのなかに転生し、大津のなかに転生した。担架で病院に運ばれていった彼のように修道女たちも人間の河のなかに消えていった。

『深い河』（小説）

自分の人生をイエスに投影する

事実、イエスがベトレヘムに生れたか、否かは疑わしい。第一に最も古い福音書《ふくいんしょ》であるマルコはこれを記述せず、マタイとルカとがそれをのべているだけだからである。多くの学者はイエスのベトレヘム誕生を旧約、ミカ書の、

「しかし、ベトレヘムよ、エフラタよ
あなたはユダヤの民のうちで小さなものだが
イスラエルを治める者が
あなたのうちから、私のために出る」

という言葉に基づいてルカやマタイ福音書を創作したものと考えているからだ。聖書作家たちにとってベトレヘムは約束されたメシヤ誕生の地だったから、イエスをそこに生れたように記述したというのが多くの学者たちの考えである。

だが私はたびたび繰りかえした。事実と真実とを聖書のなかで区別する私の立場は既にのべた通りである。

この場合も私にとってイエスのベトレヘム誕生は事実ではないが、真実である。なぜなら、長い人類の歴史の間、あのベトレヘムという小さな町をせつないほど必要とした人間が無数にいたからである。その人々にとってベトレヘムは人間たちの最も汚れのない、きよらかな場所として高められていったからである。

クリスマスの夜、無数の子供たちがベトレヘムを考え、その思い出が彼の心のどこかに生涯、結びついていたからである。人間がベトレヘムの存在を欲したように聖書の作家たちもベトレヘムを欲した。彼等にとってベトレヘムのイエス生誕は事実ではなかったが、魂の真実だったのだ。

私たちは聖書を読む時、この事実ではないが魂の真実であるものを、今日の聖書学者たちの多くがなすように否定することはできぬ。人間の条件は事実や実際だけでは規定されぬ。大事なことは人間の魂が欲した真実の世界である以上、ベトレヘムを真実として認めるのが本書には書かなかった私の今の立場である。

もちろん私はこの「イエスの生涯」の俯瞰《ふかん》によってイエス自身を捉《とら》えられたとはつゆ思ってはいない。我々は自分の人生を投影してこの人を考えるからである。少なくともこの人の生涯には我々の人生を投影してなお摑《つか》み難い神秘と謎があるのだ。

私もまた生涯のいつの日か自分の人生の蓄積でふたたび「イエスの生涯」を書きたいと思う。そしてそれを書き終えた後も、更に「イエスの生涯」にあらたに筆をとる気持を失わないであろう。

『イエスの生涯』（エッセイ）

†

詩篇二十二篇は「主よ、主よ。なんぞ我を見棄てたまうや」の悲しみの訴えから始まる。そしてその訴えは自分が虐げられることを語りながら、なお「わたしは汝《なんじ》のみ名を告げ……人々のなかで汝をほめたたえん」という神の讃歌《さんか》に転調していくのである。つまり詩篇二十二篇は決して絶望の詩ではなく、主を讃美する詩なのである。

イエスがながい沈黙の後に、突然、頭《こうべ》をあげて、

「エロイ、エロイ、ラマ、サバクタニ」

と叫んだ時、それはその句限りの絶望の言葉だったのか、それとも詩篇二十二篇全体のなかに現在の自分の心を見つけようとされたのか、問題はどちらかになる。

だが、もし、それが前者ならば、その直後イエスは「我、渇く」と詩篇の祈りの一句を跡切《とぎ》れ跡切れに言われた後に「主よ、我が魂をみ手に委《ゆだ》ねたてまつる」と更に詩篇三十一篇の言葉を呟かれた気持とをどう結びつけるのか。

主よ、我が魂をみ手に託《たく》したてまつるとは絶対的信頼の表現である。直前の絶望の言

葉がこの絶対的信頼にすぐ結びつくとは私にはどうしても考えられぬ。したがってイエスの「エロイ、エロイ、ラマ、サバクタニ」は詩篇二十二篇全体に現在の自分の心を追いながら、

我　わが魂をみ手に委ねたてまつる
主よ　まことの神よ
汝は我をあがなわれたり

の詩篇三十一篇の句に転調していったのである。

おそらく十字架上で人々に語る余力を失われてから、イエスの朦朧《もうろう》とした意識のなかでは詩篇の一つ一つの祈りが浮んでいたのであろう。彼はその祈りを跡切れ跡切れに口に出しては、最後の瞬間を待っておられたのである。

受難物語全体を通して最もたしかなことがある。それはこの受難物語のなかで——つまりイエスが捕えられて息を引きとるまでイエスは奇蹟を何一つ行えず、何一つ行わず、神もまた彼に現実的な助力や救済をなされなかったように我々には見えることだ。もし敢えて言うならば、イエスはこの物語では無力無能力の人として描かれているのである。

彼は衆議会の訊問にもピラトの裁判にも相手を説得することもできなかった。兵士の侮辱に抗《あらが》うこともできなかった。群衆の裏切りにもただ沈黙されて耐えているだけだっ

た。

おそらくエルサレムの周辺に身をひそめていた弟子たちは最後の瞬間、イエスがこれらを覆《くつがえ》す奇蹟を待っていたろうが、それは何一つなされなかった。ゴルゴタの刑場でボロ布のように釘づけられた彼を見た者には神があるいは手をさしのべるかと期待した者もいたろうが、神は彼の苦しみを放っておかれたようにさえ見える。

受難物語のイエスはこのように現実的に無力な者として描かれている。ガリラヤやその他の場所であれほど人々を驚かせ、神の栄光を高める業をされたイエスは何処《どこ》に行ったのか。死者さえも復活させる力はこの時、どこに消えたのか。

受難物語までのイエスと受難物語のイエスのあまりにも大きな違い。一方は力あるイエスであり、他方は無力なるイエスである。聖書の作家たちは受難物語のなかでイエスを無力なる者として書くことをためらわなかった。愛だけが体をほとばしりながら、無力だったイエス。疲れ果て、力尽きたようにみえるイエス。私としてはガリラヤの力あるイエスより、この無力なイエスにイエスの教えの本質的なものを感ずるのである。

『イエスの生涯』(エッセイ)

†

あなたの小説に出てくるイエスは、大変やさしくて、日本人にも非常に親しみやすい、と言う人がいます。それを日本的すぎるといって批判する人もいますが、ともかく、それが私から見たイエスなのです。

イエスというのは、それぞれの人の心を映す鏡だと言われているのは、私には私のイエス像があり、ひとにはひとのイエス像があるということです。日本人におけるイエスのイメージというのをいつか連載で書こうかと思っているくらいです。

あるキリスト者はイエスに革命者のイメージを抱いています。精神的にユダヤ教における解放者だったと同時に、社会革命も起こそうとした人だったというイメージになっています。別な人にとっては、イエスはわれわれの心の底にあって、愛の働きをなすものだというイメージを持っています。人それぞれが求めていることによって、イエスのイメージが生まれます。

そしてそのイメージの総体が本当のイエスなのだと思います。私が書いたようにイエスは確かにやさしいのですが、ほかの人から見れば、それだけじゃないぞという批判もあるでしょう。

聖書を読むと、神殿の境内《けいだい》で牛や羊や鳩を売っていた商人や両替屋をイエスは縄で作った鞭《むち》で追っ払ったり、両替屋の金を撒《ま》きちらしたり、彼らの台をひっくり返したりしているではないか、そういうきつい面、強い面があるではないかという批判が、確かにあります。

しかしねえ……私にとってはこのやさしいイエスにやっぱり一番魅力があるのです。私はそのイエスが好きなんです。だから、ずうっとそう書いているわけで、神殿で怒っているイエスなどは、私には余りぴったりこないのです。だから私のイエスが絶対的な、イエスのすべてだというわけにはいきません。ほかの説もあります。キリスト教徒は、それぞれのイエス像を持っているということになりますが、それを総合したのが本当のイエスだということになるでしょう。

『私にとって神とは』（エッセイ）

†

イエスがベトレヘムで生れたことは、事実ではないかもしれぬ。星に教えられてそのイエスをベトレヘムまで探しに行った東方の博士たちの物語は勿論、伝説であろう。しかし、人間をきよめる存在を――つまり人生の星を求める博士たちの物語を創らざるをえなかった心のほうが、私には真実である。真実は事実よりもっと高いのだ。

『イエス巡礼』（エッセイ）

†

私もやがて死にますが、その時、私は悟りを開くことはできないだろうし、また、自分の死に対する恐怖のあまり、極楽の姿を思い浮かべて、それで自分の心をごまかすことのできるほど頭が鈍くなるとは思えません。

それでは、どうしたらいいか。私はやはりその時、イエスの死のことを考えるでしょう。イエスもあれだけ死に対して苦しみ、イエスもあれだけ死を恐れていたのだ。これらのことは聖書に書かれておりますが、私はそれを頭に描き、考えるでしょう。そして、イエスに自分を重ね合わせようとするでしょう。

イエスはそれを切り抜けたのだから、私の心を彼の心に重ねあわせようという気持が、私のその時の一つの支えになるような気がするのです。

『私にとって神とは』（エッセイ）

永遠の同伴者として

　彼等がこの時、一番、怖れたのは十字架での師の怒りであり呪詛《じゅそ》だった。自分を見棄て、裏切った弟子にたいして師が神の罰を求めることだった。

だからイエスが十字架上で何を言うか――、これを弟子たちはただならぬ恐怖と悔いとで待っていた。現代の我々でさえ臨終にある者の最後の言葉は尊重する。まして当時のユダヤのように処刑される者が瀕死《ひんし》の状態で人々に語りかける習慣のあった地方では、遺言ほど重みあるものはなかったからである。

　イエスは何を語るだろうか。彼等は待っていた。そして遂にその日の午後イエスの最後の言葉を知った時、それは彼等の想像を越えたものであった。

「主よ、彼等を許したまえ。彼等はそのなせることを知らざればなり……」

「主よ、主よ。なんぞ我を見棄てたまうや」

「主よ、すべてを御手に委《ゆだ》ねたてまつる」

十字架上での三つの叫び——この三つの叫びは弟子たちに烈しい衝撃《しょうげき》を与えた。イエスは弟子たちに、怒りの言葉をひとつさえ口に出さなかった。彼等の上に神の怒りのおりることを求めもしなかった。罰を求めるどころか、弟子たちの救いを神にねがった。

そういうことがありえるとは、弟子たちには考えられなかった。だが考えられぬことをイエスはたしかに言ったのである。十字架上での烈しい苦痛と混濁した意識のなかで、なお自分を見棄て裏切った者たちを愛そうと必死の努力を続けたイエス。そういうイエスを弟子たちは初めて知ったのである。

それだけではない。イエスは彼の苦痛、彼の死にたいして沈黙を守りつづけている神にたいしても詩篇二十二のダビデの歌から始まり、その三十一に続く全面的信頼の言葉を呟きながら息を引きとったのである。

「主よ、主よ。なんぞ我を見棄てたまうや」という言葉は決して絶望の叫びではなかった。それは「すべてを御手に委ねたてまつる」という信頼の呟きにつながる始まりにすぎぬ。弟子たちはこの詩篇を熟知していたから、イエスがどういう気持であったかが、よくわかったのである。

こんな人を弟子たちはかつて知らなかった。同時代の預言者は多かったが、こんな呟きを残しつつ、息たえた者はなかった。過去の預言者たちにもこれほどの愛とこれほどの神への信頼を持った人はいなかった。

弟子たちは事実、言葉では表わせぬ烈しい驚愕《きょうがく》と衝撃を受けたのである。「まこと、この人は神の子なり」（マタイ、二十七ノ五十四）という感歎《かんたん》の叫びは、ほかならぬ弟子たちの口から発せられたのであろう。

『イエスの生涯』（エッセイ）

†

幸《さいわい》なるかな　心貧しき人
　天国は彼等のものなればなり
幸なるかな　泣く人
　彼等は慰められるべければなり

有名なイエスのこの言葉の背後には、宝石のように、愛の神のイメージがきらめいています。しかし、ナザレの町で彼が見たのは、貧しい者はいつまでも不幸であり、泣く人がけっして慰められないような現実です。

彼がユダの荒野で仰いだ星々も、氷のように冷たく、生きるものの何ひとつない死海とその背後の山々は、怒《いか》る神、罰する神、裁《さば》く神しか暗示していませんでした。旧約聖書の世界が抱きつづけた、このあまりにも厳格な父なる神のイメージ。それを受け継いでいる洗者ヨハネと彼の教団。その中でイエスは、彼らに欠けているものをいち早く見抜いたことは、前に書いたとおりです。

だが、「神の愛」とか「愛の神」を口で語るのはやさしいことです。苛酷な現実に生きる人間は、神の愛よりも、はるかに冷たい神の沈黙しか感じません。苛酷な現実から愛の神を信ずるよりは、怒りの神とか罰する神を考えるほうが、はるかにやさしいものです。

だから、旧約聖書の中で、時には神の愛が語られていても、人々の心には、怖《おそ》れの対象となる神のイメージのほうが強かったわけです。心貧しい人や泣く人には、現実では何の報《むく》いもないように見える時、神の愛をどのようにしてつかめるというのでしょうか。

イエスはもちろん、この矛盾《むじゅん》に気づいていました。彼の心には、神の愛に対する信仰が燃えていましたが、しかしそれは、この矛盾を無視していたわけではありません。いや、むしろ、イエスの生涯を貫《つらぬ》くもっとも大きなテーマは、愛の神の存在をわれわれにどのように証明し、神の愛をどのように知らせるかにかかっていたわけでしょう。

『私のイエス』（エッセイ）

†

「わたし（人の子）が来たのは仕えられるためではなく、（多くの人に）仕えるためであり、多くの人のあがないとして自分の命を与えるためである」（マルコ、十ノ四十五）
「その友のために自分の命を捨てるほど大きな愛はない」（ヨハネ、十五ノ十三）
それらの言葉は、この時の決意を説明するためにイエスが語られたのだと考えることもできる。
「多くの人」「その友」という言葉を使われた時、イエスはティベリヤに住む祭司や律法学者、自己満足の人たちではなく、ガリラヤ湖畔のみじめな家々から這《は》いだすように出てきた貧しい男女のことを思いうかべられた筈である。町から離れた寂しい谷に隔離された孤独な癩者の群れのことも考えられた筈である。
彼が出会ったあまたの病人たち。子を失った母親。眼の見えぬ老人。足の動かぬ男。死に瀕《ひん》している少女。それらの人間たちの苦しみを分ちあうこと。一緒に背負うこと。彼等の永遠の同伴者になること。
そのためには彼等の苦痛のすべてを自分に背負わせてほしい。人々の苦しみを背負って過越祭《すぎこし》の日に犠牲となり殺される仔羊のようになりたい。「その友のために」いや、「人間のために自分の命を捨てるほど大きな愛はない」それこそが人々に無力にみえようとも、神の最高の存在証明なのだ。
マルコ福音書はこのあとイエスが弟子たちに自分と別れて宣教の旅に出ることを命じ

られたと書いている。「かくてイエス、山にのぼり……十二人をたてて己れと共におらしめ、且つ、宣教に遣わさんとて」（マルコ、三ノ十三〜十四）

ルカはこの場面の前にイエスが終日、祈っていたことを附けくわえている。おそらくその祈りは彼にとってゲッセマネの園における血のような汗が滴《したた》った祈りと同じように、苦しみとの闘いだったであろう。

彼は人々の永遠の同伴者たるために人間の苦痛のすべてを背負いたいという願いが、神の意志と一致するのを感じられた。　『イエスの生涯』（エッセイ）

†

みじめなこの放浪の季節の間にもイエスの「愛の神」にたいする信頼は毫《ごう》もゆるがなかった。彼はその神にたしかに苦しみの声で訴えられたが、信仰はその苦しみによって逆に深くなっていった。

彼は「愛の神」の存在をどのように証《あかし》すべきかをこの時、神に問われつづけたにちがいないが、信頼の念は決して損われなかった。

湖畔の村々で彼がその人生を横切った数しれぬ不幸な人々。到るところに人間のみじめさが詰っていた村々。その村や住民は彼にとって人間全体にほかならなかった。そしてそれら不幸な彼等の永遠の同伴者になるにはどうしたらいいのか。「神の愛」を証するためには彼等をあの孤独と諦めの世界からつれ出さねばならぬ。

イエスは、人間にとって一番辛いものは貧しさや病気ではなく、それら貧しさや病気が生む孤独と絶望のほうだと知っておられたのである。

『イエスの生涯』（エッセイ）

母なる宗教を求めて

［宗教について］

仏教とキリスト教

キリスト教と仏教では、いろいろと考え方の違いがありますよね。たとえば仏教でいう自我の放棄《ほうき》というのは、執着を捨てるということですね。そして愛も執着であるという。ところがわれわれは愛を執着だとは考えませんね。それから悪についての考え方も違いますね。もうひとつ、禅を通して最終的に触《ふ》れる大きないのちですが、それをわれわれはキリスト教の神と同じように考えていいのか。『「深い河」をさぐる』（対談）

†

五世紀のころから、仏教はつねに自己とは何かということばかりを考えてきたでしょう。キリスト教はこうした自己認識よりは神や人間との関係――外側にいる神や人間との関係について重点をおいてきましたからね。自己を知るということについては、仏教のほうがずいぶん進歩していたという気がするんです。

たとえば精神分析なんていうことを、仏教ではもう五世紀にやっているんですね。もちろん、それを精神分析学と呼べるかどうかはわからないけれども、人間の意識を何段階にも分けて考える方法というのは、キリスト教に比べればはるかに進んでいるんですね。

『「深い河」をさぐる』（対談）

†

二年前の冬のさむい夜、仏教学者の玉城康四郎先生から大乗仏教の唯識論《ゆいしきろん》による人間の心の話をうかがった。もちろん私はそれまでそのマンションの小さな図書室で仏教関係の本をひらいたり、わかりもせぬのに大乗仏典をひろい読みしたりしていたが、先生の吶々《とつとつ》とした声で語られる人間の心の奥底――我々が無意識の領域とよんでいる場所のありさまや構造をうかがっていると、それがはっきり眼にみえる思いだった。

光の届かぬその心の奥底はアラヤ識《しき》という。アラヤとは溜まった場所の意味で、かのヒマラヤとはヒマ（雪）＋アラヤであり、雪の溜まれるところという意味だそうだ。そしてアラヤ識とはさまざまなものが溜まった場所なのである。

まず、そこには前世からの業をふくんだ種子（潜在力）が溜まっている。種子は水のなかに動かずに静止しているようなものではなく、すさまじい勢いで渦まきながら我々の心や意識に烈《はげ》しく働きかけているのである。また仏教で罪障のもとになるという煩悩や執着の種子(潜在力)もここで回転して心を操ろうとしている。そうした潜在力が心のなかで具象化して行為となってあらわれると、この行為はふたたびアラヤ識のなかにあたらしい潜在力をつくっていく。つまり、滝におちた水を電気モーターでまた吸いあげて、落下させるようなものなのであろう。

アラヤ識の光景を玉城先生からうかがいながら私はこの大乗仏教の無意識についての考えかたが現代基督《キリスト》教文学者のそれとあまりに相似しているのに驚いた。

それは仏教でもまた無意識を暗いイメージで受けとめている点だった。基督教文学者たちの考えとおなじように仏教も人間のアラヤ識(無意識)を罪の母胎として考えているのだ。

だがそれだけではない。

唯識論ではみ仏の力が働くのもこの無意識だと考えている。アラヤ識のなかにはさきほども書いたように前世からの業や煩悩や執着の潜在力が渦まいているのだが、同時にその罪障の種子を浄化してくれる力も働いているという。

言いかえると無意識は罪障の母胎であると同時に救いの母胎ともなりうる場所なのである。マイナスの場であると共にプラスの場でもあるのだ。

これは基督教文学者の考えた無意識のイメージとあまりにもよく似ている。

玉城先生のお話をうかがった夜、私は自分の心の奥底についての考察が仏教でも基督教でもそう違わないことに感動したのを憶《おぼ》えている。

『心の夜想曲《ノクターン》』（エッセイ）

†

仏教の考え方とキリスト教の考え方と、相反しない部分もあると思います。仏教の本を見ていて、同じことを言っているじゃないかと思う時さえあります。もちろん神を絶対神一つとして見つめるか、それともたくさんの仏さんにするかの違いがあります。静かに死なれた釈迦《しやか》の死と十字架刑という苦しみの中で死んだイエスの死とでは、死と再生についてのイメージも違います。

仏教は苦を考えますがキリスト教は罪を考えます。そのような違いが幾つもありますけど、宗教的発想法において、日本人が仏教を利用して考えると、もっとキリスト教が理解できるんじゃないかと思うところは多いような気がします。だから、イエス・キリストを応化身《おうげしん》とまず考えたらどうでしょう。仏教では、大日如来の理念を生かした別のものがあらわれるわけでしょう。

それと同じように、神の理念を全く生かしたのがイエスだというふうに考えてから、イエスについての考えを深めるのは悪くないと思います。イエスは人間としての肉体を持っていたから、人間としての苦しみをすべて味わいつつ、その中で神の理念をあらわそうとしたと考えればいいのです。

神の理念を人間の肉体を持ってあらわしたのがイエスです。イエスが具体的存在で、キリストが抽象的理念です。もともとイエスというのはあの地方ではありふれた名前で、パレスチナにはイエス君はたくさんいます。もっとも、イエーシュというのがガリラヤ地方での発音だそうですが、日本でいうと、一夫とか稔《みのる》みたいなよくある名前で、朱門とか淳之介などという特別な名ではありません。

イエスは、実際にパレスチナに生まれて、三十三歳の生涯を送りました。死んでから弟子たちにキリストと言われるようになるのです。救う者という意味のキリストという称号を与えられたのです。イエス・キリストというのは、遠藤周作や田中太郎ではないのです。イエスは普通の名前、キリストは救い主の称号と思ってください。

『私にとって神とは』(エッセイ)

†

色即是空《しきそくぜくう》の色とはもちろん「色の道」のことではない。仏教で色というのはこの世の存在の形相のことです。ひらたく言うと、この世にあるもので絶対的なものは何一つない。すべてのものは限界があり、他に支えられ、相対的である。

だから仏教は我々に「この世のどんなことも絶対化するな」と教えています。言いかえると、何ごとにもこれがただ一つ、絶対なものだと執着するな、それにこだわるなということです。いかに正しいこともそれを限界をこえて絶対化すると悪になる。また逆に悪くみえることも限界内では善い部分がある。

民主主義は正しい考えかもしれぬ。しかし、それを絶対化しすぎると民主主義ならざる国に原子爆弾を落すような悪をうむ。

一方、封建主義は今の人の眼からみると悪かもしれぬが、すべてが悪いのではなく、そのなかにはまたよい部分だってあった筈《はず》だ。だから、それを絶対的な悪とみなすのは間違っている。

『イエスに邂《あ》った女たち』（エッセイ）

†

聖書の女性には、二つの型がある。

ものすごく激しい女、その激しいものを通してイエスに接近した女、一方は、自分の悲しさ、苦しみを通して、イエスに接近した。いずれも、仏教のほうで言うと、煩悩《ぼんのう》や執着です。しかし、こういう煩悩や執着が逆に彼女たちを神に接近させているというところが、キリスト教と仏教との大きな違いだと私は思うのです。

キリスト教というものは、煩悩を捨てろとは言いません。全く言わないとは言いませんけれど、その煩悩の中に神の働きがあるということ、それがキリスト教です。

イエスに顔を向けさせたものは、マグダラのマリアの場合は男の遍歴です。娼婦をイエスのところに行かせたのは、彼女が犯した罪です。長血《ながち》をわずらう女がイエスに会ったのは、彼女の病気から解放されたいという執念です。問題は、仏教で言うそういう執着というものが、逆にイエスのほうへ引っぱっているという、そこがやはり私がキリスト教にひかれる所以《ゆえん》なのです。

『私にとって神とは』（エッセイ）

母なる宗教

宗教には二つの型があります。父の宗教と母の宗教とです。

父の宗教とはきびしい絶対者が人間の過《あやま》ちや罪を裁いたり、罰したりする宗教です。たとえば旧約聖書の神ヤハウェはユダヤ人たちの罪に怒り、彼等の不正を罰します。そのような怒りの神の宗教を「父の宗教」とよびます。

これにたいし、母の宗教はさきほどからくりかえしているように、人間の弱さ、過ちにもかかわらず、人間を愛し包もうとして、たえず深い愛で許そうとする宗教です。

新約聖書のイエスはこうした「母の宗教」を人々に説きました。過ちを犯した娼婦をゆるし、共に十字架につけられた盗賊を慰めました。

日本人はどちらかと言うと、父の宗教よりも母の宗教に心ひかれるのではないでしょうか。日本の宗教史をみてもきびしい絶対者信仰より、やさしい超絶者に心ひかれるようです。

たとえば仏教を見ても、仏教が日本的展開をした鎌倉時代、母の宗教としての仏教が浄土真宗という形で出現しました。

「善人救わる、況や悪人をや」という有名な言葉は平たく言うと出来の悪い人間ほど阿弥陀さまには可愛いのだと言うことにもなります。つまり阿弥陀さまはここで裁いたり、罰したりする父ではなく、子の過ちを助けようとする母的存在に変っています。

仏教も日本人の心のなかでは父の宗教よりは母の宗教に変った時、やっと根をおろしたと言えるのでしょう。

そうしてみるとかくれ切支丹《キリシタン》の聖母信仰もきわめて日本人的宗教心理だと言えそうです。彼等が基督《キリスト》教の神よりは聖母マリアに心ひかれたのも自然のなりゆきのような気がするのです。

西洋の宗教画の聖母像の大半は人間的というよりはあまりに聖女的な感じがしないでもありません。

しかしかくれ切支丹たちの聖母画は何となく泥くさく、汗の臭いさえする「おっ母さん」です。

彼等はそれを拝みながら幼い頃、自分をだきしめ守ってくれた母、病気をした時は一晩中、看病してくれた母、父親の怒りから自分を守ってくれた母のことを思いだしたにちがいありません。

日本人にとって母は永遠の宗教的存在です。戦争中の日本兵士が息をひきとる時「お母さん」とかすかに呟いて息をひきとったのは、母が彼等にとって宗教になっていたからでしょう。

『イエスに邂った女たち』（エッセイ）

†

人間の弱さに怒り、裁《さば》き、罰するような厳しい「父の宗教」は日本人にはむかない。日本人はどうしても自分たちの弱さを理解してくれ、それを許してくれ、時には共に苦しんでくれる優しい「母の宗教」を求めるのだ、ということです。

しかし、こういう「母の宗教」を求める感情はなにも日本人だけのものではないでしょう。日本人には特に強いけれども、人間の宗教心理のなかには多かれ、少かれ、潜在しているものだと言えます。

だからこそ、ヨーロッパでも、特にイタリアやスペイン、ポルトガルなど地中海沿岸の庶民の間には聖母信仰が根づよく拡《ひろが》ったのだと思います。

しかしこの聖母崇拝は西欧の基督《キリスト》教教会では正式に、公式には長い間みとめておらず、一八五四年に法王ピオ九世がやっとマリアの無原罪説を採用し、第二次世界大戦も終った一九五〇年にピオ十二世が聖母被昇天を認めたほどなのです。

と言っても我々日本人には何のことやらチンプンカンプンですが、要するに十九世紀後半に至るまで西欧でも聖母信仰や聖母崇拝は教会が黙認こそすれ、正式なものとして採っていなかったとお考えください。

ということは父なる神のイメージの上に三位（父と子と聖霊）一体の教理を作った教会は、長いあいだの庶民の「母なる宗教」への熱烈な願いをどうしても、とり入れざるをえなかったため、マリアに聖母の資格を与えたということになります。三位一体のほかに聖母信仰を認めることで、基督教は父の宗教と母の宗教とを併わせ持ったのだと言えるのです。「怒り、裁き、罰する」父の宗教だけでは人間は辛く孤独でたまりません。「許し、慰め、共に苦しんでくれる」母の宗教だけだと、人間はいい気になります。この二つがあわさって、我々の宗教心理はみたされると言えるでしょう。

だから基督教のうちカトリック教の聖母マリアの位置は右のようなものだと考えてくださっても、ほぼ間違いではないと思います。マリアのイメージもそれにあわせて展開してきているのです。

断っておきますが聖母信仰や聖母崇拝はプロテスタントにはありません。カトリックだけです。

新教が聖母に崇拝や信仰を持たなかったのはそれなりの合理的な理由があると思うのですが、しかし「母の宗教」を信仰のなかから消すことによって、新教にはある欠除ができたような気がしてなりません。特に日本人である私としては、母なるものを欠いた新教に何ともいえぬ寂しさを感ずるのですが……。

『イエスに邂った女たち』(エッセイ)

†

聖母マリアとイブとはいうまでもなく、聖書に登場してくる女性です。この二人の女が西洋人の心に、今日でさえもどんな影響をもっているか、の一例としてぼくは純潔《じゅんけつ》の問題に、ちょっとふれてみましょう。

若い女性ならば誰でも本能的に純潔や肉体的な清らかさを守ろうとするものですが、その純潔にたいして、西欧の女性と日本の女性にはいささかちがいがあるようにぼくは思っています。

そのちがいとは一言でいえば、西洋の娘たちは聖母マリアという女性の理想像、純潔の理想像を教会や絵画の日常生活を通して、毎日吹きこまれ育つのですが(この強い影響力は日本の私たちにはちょっと、想像できないことです)日本の女性には、そうした女性の理想像はもちろん、純潔の理想像もないということです。純潔の尊さや高さは西欧ではキリスト教という宗教理念に結びついて強く教えこまれますが、日本ではたんに女性の自己防衛以上の意味がまだハッキリと出きあがっていないようです。

早い話、婦人雑誌にしばしば、掲載される純潔論を読んでごらんなさい。「なぜ若い女性は純潔をまもらねばならないか」という問題にたいして本当に納得《なっとく》のいく答をぼくはまだ読んだことはない。極端にいえば、日本の女性の場合彼女が純潔をまもるのは二つの理由しかないといっていいぐらいです。一つは若い女性としての本能的な恐怖感、生理的な肉慾嫌悪感、次に純潔が男性にたいする女性の最後的な武器になるからです。この二つの理由以上の理由は日本の女性の場合、率直にいえば、ツケ足しにすぎません。ですから時として「純潔を結婚のトリヒキにするぐらいなら、愛している人には結婚前に肉体を与える方が誠実だ」という意見も若い女性から出るのです。このように純潔の意味は、ぼくたちの国ではまだ本能的な次元や男性にたいする利害関係でしか考えられていない。

だが西洋では純潔はもっと高い意味をもっています。それは宗教的な清浄の世界と結びついているのです。女性の純潔が尊ばれるのは、生理的な恐怖感や嫌悪感、男性にたいする利害関係以上に、それが女性の一つの美しい宗教的理想像——聖母マリアに近づくためなのです。マリアの姿は西欧の娘たちのなかに幾世紀も幾世紀もの間、限りない憧《あこが》れを育《はぐ》くんだのです。

聖母はまた、西欧人にとっては母の原型にもなっています。母性とか母なる世界の高さや価値がゲーテやクローデルをはじめとして、西欧の芸術家にあれほど歌われたり、描かれたのはキリスト教における聖母マリアの影響ともいってよいでしょう。

このように聖母マリアは西洋人の心に究極的な理想像となっているのですが、この反対側に女性のもつ暗い部分、邪教な部分の原型としてイブが存在するわけです。イブといううまでもなく、あのアダムと共に楽園から追放された女性です。イブの本質は、罪への誘《いざな》いだと申してもいいでしょう。聖母マリアが光の女性、母性や純潔の象徴であるのにたいし、イブは闇の女性、夜の女性です。

聖書にあらわれるその他の様々な女たちは、この聖母マリアとイブとの間に存在しています。彼女たちはその間にあって——つまり美しいものと汚れたもの、清らかなものと無知なもの、善と悪とのおのおのを持ちながら、この人生を歩いていったのです。

『聖書のなかの女性たち』（エッセイ）

†

聖母マリアはこの時、群衆にまじっていたのです。自分の息子が次第に力を失っていく姿をじっと見つめていました。ヨハネ福音書によれば、マリアと共にマグダラのマリア、クレファの妻のマリア、聖母マリアの姉妹がこの十字架のそばでいつまでも立っていたことを伝えています。

「時はほとんど第六時なりしが、第九時に至るまで日暗みて」（聖ルカ福音書第二十三

章四十四節）

なぜか空が突然、翳《かげ》りはじめたのです。白い円板のように燃えていた太陽が雲間にかくれました。重苦しい不安に充ちた雰囲気があたりに漂いました。

午後三時ちかくキリストの体が少し動きました。彼は母親に向って十字架の上からかすかな声でよびかけたのです。

「女よ。これ、汝《なんじ》の子なり」

聖書の中で「カナの奇蹟」以後、聖母マリアについて再び語られているのは、ただこの部分だけです。

「女よ。これ、汝の子なり」

この言葉はどういう意味だったのでしょうか。

女よ——それはもちろん、マリアにたいする呼びかけであって、それ以上の何ものでもありますまい。重要なのは「これ、汝の子なり」という言葉でしょう。

愛したもののすべてから裏切られ、侮辱され、みじめに、みにくい姿で母の頭上で息をひきとる自分——その自分を見てくれという意味でしょうか。そうした苦痛の全てをあえて引きうけた自分を見てほしいという意味でしょうか。もちろん、我々は勝手にその言葉の内容を想像することはできません。

けれどもこの——

「女よ。これ、汝の子なり」
にはキリストが聖母マリアに向って吐露《とろ》した万感の愛情と子としての訴えがこもっているようにぼくには思われます。

おそらくそれはキリストがはじめて母に洩らした人間的な哀しみのような気がします。だがキリストはそれ以上に母マリアにも自分と同じような生き方を訴えたにちがいないのです。

つまり、人々のくるしみや哀しみを共にわかち合うこと、そうしたくるしみや哀しみに共に泪《なみだ》をながすこと――キリストがあの娼婦や長血《ながち》を患う女たちに与えた共感を、母親に代ってやってもらいたいということだったのです。なぜなら、この言葉のあと、キリストは、
「これ、汝らの母なり」
弟子たちにもかすかな声で呟いているからです。

キリストの母だけではなく、汝らの母、人々の母――つまり、すべての母親がわが子の苦しみを自分の背に引きうけるように、聖母マリアはこの時、キリストから一人の息子の母だけではなく、すべての人間の母になることを要求された。

聖母マリアがたんなる女性ではなく、母性の象徴として西欧人から考えられるのは、この最後の言葉のためともいえるでしょう。

『聖書のなかの女性たち』（エッセイ）

「印度《インド》の女神は柔和な姿だけでなく、怖しい姿をとることが多いんです。それは彼女が誕生と同時に死をも含む生命の全体の動きを象徴しているからでしょう」
「同じ女神でも聖母マリアと随分、違うのね」
「ちがいますね。マリアは母の象徴ですが、印度の女神は烈しく死や血に酔う自然の動きのシンボルでもあるんです」

『深い河』(小説)

†

よく聞く話だが、日本の兵隊は息を引きとる時に「天皇陛下万歳」と言う代りに「お母さん」と言いながら死んでいったという。

私は実際、そういう場面を目撃しなかったから、それが本当かどうか知らない。しかしおそらく普通の日本の兵士が「お母さん」とつぶやいて息を引きとる心情になったことは当然のような気がする。

もし本当の思想というものが自分の死と向きあった時、人間がつぶやく言葉にあらわれるとするならば、宗教を持たぬ大部分の日本兵士にとってこの「お母さん」という言葉は「ナムアミダブツ」や「アーメン」とつぶやいて息を引きとる仏教徒、基督《キリスト》教徒と同じ心情で口からほとばしった宗教的な言葉だったのである。言いかえれば彼らにとって母は神や仏の代りにさえその瞬間なったにちがいないのだ。

それは「母なるもの」が他《ほか》の国民以上に日本人の心情にはぬきさしならぬ位置をしめているからであろう。意識すると否とにかかわらず、宗教のない日本人の心に母は人生観や人間観のうえで大きな影響を与えているのである。

このことは日本の仏教を見ると更によくわかる。私は仏教のことは詳しくはないが、梅原猛氏の著作を読むたびに、日本的な仏教とは結局、母なる仏教だとつくづく思う。印度《インド》や中国の抽象難解の仏教は我々の国のなかで、ちょうど母親が子供をゆるしてくれるように、仏が人間をゆるしてくれる宗教に変っていっている。

善人が救われるなら、悪人は尚更のことであるという言葉は、言いかえれば、出来の悪い子に、恩愛をそそぐ日本の母の心情の移しかえである。

この言葉から多くの日本人は仏のなかに、きびしい父のイメージよりは、やさしい母のイメージを見つけるにちがいない。

宗教には二つある。「父なる宗教」と「母なる宗教」である。

「父なる宗教」が旧約の神のように悪を責め、怒り裁くなら「母なる宗教」は悔いたものを許し、愛してくれるのである。日本には父なる宗教は育たず、母なる宗教が盛えるというのは私の考えだが、その根本原因は、戦場で多くの日本の兵士が「お母さん」とつぶやいた心情につながるのである。

『ほんとうの私を求めて』（エッセイ）

聖書は人生の宿題である

私が聖書を最初に読んだ時、やはりいちばん当惑《とうわく》したのは、神父さんや牧師さんたちがよく教会で言うように、罪の罰とか、あるいは、悪人が罰せられるとかという、そういう厳しい、苛酷《かこく》な神のイメージということでした。そういう厳しい、苛酷な神のイメージに慣れていない日本人にとっては、そういうキリスト教の持つ神の厳しいイメージというのは、やはり距離感を抱かざるをえないわけです。

そこで私は、聖書の中に本当にそういうキリスト教の苛酷なイメージがあるのかと、新約聖書を読み返してみました。その結果、ほかの人はどうか知りませんが、私は、キリストが言っている神のイメージは、そういうような苛酷な、厳しい神のイメージよりも、やさしい神のイメージが強いことを発見しました。これは私にとって、ひじょうに大きな救いでした。苛酷な厳しい神のイメージというのは、じつは、イエス以前のユダヤ教の中にあって、その厳しいイメージをひっくり返そうとしたのが新約聖書だった、という気さえしたのです。

これがわかった時、私は新約聖書が自分にとってひじょうに親しみやすいものになってきました。

『私のイエス』（エッセイ）

†

私は、聖書を何度も、何度も、読み返しましたが、今では、新約聖書というものは、われわれの人生と同じようなものだ、というふうに考えるようになりました。われわれは、人生を知り尽くして生きていることは、まずありえないでしょう。人生とはこういうものだ、と考えて、人生とはこういうものだ、と知り尽くして、毎日を生きているはずはないと思います。

日常、生きているうちに、さまざまな悩みや問題に触れて、そして人生とは何か、と考えるというのが本当でしょう。

人生の意味が初めからわかっているならば、われわれはそれを生きるに値《あたい》しません。人生というものがわからないから、われわれは生きて、そして人生とは何かということを、生きながら考えているのだと思います。

それと同じように、聖書の言っていることはこうだ、とはっきりわかって、聖書をわれわれは読むのではない。ただ、聖書は、われわれに人生と同じように、不思議な問題を幾つも投げ与えてきます。読めば読むほど、われわれの人生に対して問題を投げ与えてくる本です。こういう問題を否応《いやおう》なしに、まるで大きな宿題のように与えてくれるから、聖書というのはおもしろ味があるわけです。

『私のイエス』（エッセイ）

†

我々の人生にはその人の純粋さを考えれば、自分の賤《いや》しさに心が痛むというような誰かに時としてめぐりあうことがある。この頃の弟子たちにとって、イエスはまだ、そのような師にすぎなかったのかもしれぬ、この人を見棄てれば、自分は一生、どうにもならぬ悔いと寂しさにつきまとわれると言う感情だけはこの僅《わず》かな数の弟子にあったのかもしれぬ。

だがそんな感情をもった彼等もやがては師を裏切るようになる。（裏切りはイスカリオテのユダだけがやったのではなく、残った弟子のすべてが行った）いわば彼等は結局は私たちと同じように弱虫で卑怯者で駄目な連中だったのである。

その彼等がイエスの死後、突然、目覚めるのである。弱虫で卑怯者だった彼等はもう死も怖《おそ》れない。肉体の恐怖に尻ごみもしない。イエスのためにひたすら苦渋の旅を忍び、ひたすら迫害に耐える。ペトロはほぼ六一年頃、ローマで殉教し、アンデレはギリシャのパトラスの町で飢餓死の刑を受ける。熱心党員だったシモンもスアニルの町でイエスを説いて殺され、バルトロマイもアルバナの町で生きたまま皮をはがれ十字架にかけられたと言う。

ふしぎなこの転換と変りようは一体、どこから来たのか。「無力なる男」イエスの彼等に与えた痕跡《こんせき》がそうさせたというのだろうか。私たちがもし聖書をイエス中心という普通の読みかたをせず、弟子たちを主人公にして読むと、そのテーマはただ一つ——弱虫、卑怯者、駄目人間がどのようにして強い信仰の人たりえたかということになるのだ。そしてまた、そのふしぎな弟子たちの変りかたの原因こそ、聖書が私たちに課するテーマであり、謎とも言えるであろう。

『イエスの生涯』（エッセイ）

†

この私ももう十二、三年前、長年したしんできた新約聖書が必ずしも事実そのものを書いたのではないと知った時、なんとも言えぬ情けなさと幻滅を感じたことも確かだ。だが今の私は少しちがう。ふたたび聖書にたいして大きな意味と価値を見いだしているようになっている。

その理由を説明するには与えられた枚数が短かすぎる。おさしつかえなければ私の『イエスの生涯』や『キリストの誕生』を読んでいただきたい。たった一つだけ言わせてもらえるならば、私はイエスの死後、ユダヤの各地でできたイエス伝説、イエス伝承をたとえ事実そのものでなくても、当時の人々が彼をどのように思っていたか、彼にどのようなイメージを抱いていたかの優れた資料だと思うようになったからである。だから新約聖書とはたとえ事実の出来事は書かれていなくても当時の人々の心にあったイエス、当時、人々の考えていたようなイエスの物語だと言うことができるのだ。

これから書くイエスと邂《あ》った女たちの話についても同じことが言える。本当にこういう女たちがいたかどうかと、根本的に疑う学者たちも次のことだけは認めざるをえないだろう。

それは聖書に書かれている女たちとイエスの挿話は当時人々が「イエスならそう行為したであろう」「イエスならその女にこう話しかけたであろう」「イエスならその女をこう慰《なぐさ》めたであろう」と考えたイメージだったということである。

だからそれらの話はやっぱり我々の心をうつ何かの要素がある。イエスという人物を踏台にして人々が想像した物語にせよ、そこには人間の夢がある、歎《なげ》きもある、祈りもある。

人間の夢や歎きや祈りがそれら挿話にこもっているなら、たとえそれは事実でなくても真実なのだ。真実は事実より、もっと深く、もっと高い。私は小説家だからそのことはよく知っている。そして私が新約聖書をふたたび読むようになったのは結局そのためだと言ってよい。

　おそらく基督教に関心のない多くの日本の読者には右のような解説はなくてもいいものだったかもしれぬ。しかし私が言いたかったことは、聖書の女たちとイエスとの出来事は人間の夢や歎きや祈りがこもっているゆえに、古いユダヤの話だけでなく、今日の我々の話にもなりうると言うことなのだ。

　あなたたちは自らの人生途上に何人もの女とめぐりあわれたろう。その女《ひと》たちは聖書にでてくるマルタであり、マルタの妹のマリアでありヨハンナやスザンナであり、ひょっとするとマグダラのマリアと同じなのである。　『イエスに邂った女たち』（エッセイ）

†

「慰めの物語」が「奇跡物語」より、リアリティーを持ってわれわれに迫るのは、後者が、ガリラヤ地方に残っているイエス伝説を集めて書かれているのに対し、前者は、おそらく目撃者の弟子の記憶に生々《なまなま》しくあったものを、そのまま使っているためだ、と私は思います。弟子たちは、ガリラヤの村々でイエスと不幸な人々が出会う時の光景を、実際、あまた見たはずです。

　彼らはその時、長血《ながち》を患う女や癩者や、あるいは娼婦たちが、どんな表情とどんな哀しげな目で、イエスをながめたかを憶えていたし、それに向き合ったイエスの辛い表情も忘れることができなかったはずです。その強い印象が、聖書作家たちにそのまま語られ、聖書作家たちも、それをそのまま再現することができたのでしょう。

「慰めの物語」が私たちの心を惹《ひ》くのは、イエスが偉大な預言者とは違って、人々に顧《かえり》みられないこうした男女の哀しみを拾い歩いた点です。砂漠の預言者たちは、高みから立派な説を述べましたが、イエスは、ガリラヤの貧しい村々の戸口から這《は》い出てくる、不具な人や病人の横にすわり、娼婦や収税人のような、人々から軽蔑される者たちをも慰めました。

湖畔の村々は小さく惨《みじ》めでしたが、イエスにとって、それは世界のすべてだったのです。彼はこの世界のすべての人間の哀しみが、一つ一つ自分の肩にのしかかっているのを感じました。やがて、彼がいつか背負わなければならなかった十字架のように、それらはずっしりと重く、彼の肩にかかってきたわけです。「慰めの物語」のリアリティーは、そのイエスの姿をありありと、私たちに感じさせます。

『私のイエス』（エッセイ）

†

みなさまの中には淋しい時、辛い時、折にふれてあの聖書をひもとかれる方がいらっしゃるかもしれません。でも大部分の方は――そう、子供の頃の日曜学校や学生時代にこの本を開かれただけで、今はいつも座右の書として親しまれることもないでしょう。

それでいいのです。キリスト教の影響が外国人のように強くない私たちの世界では、聖書はなかなか読みにくい本です。第一、翻訳《ほんやく》がむつかしい。今は口語体の聖書もできましたが、文語体の聖書とくると格調は高いが私たちに縁遠い言葉や漢語を並べているため若い人たちには読みづらい。そのために、聖書にでてくる話も私たちには何か自分たちとはカケ離れた遠い国の、古い古い昔の寓話《ぐうわ》のような気がするのは無理もありますまい。

それから又、聖書には一見、現代人のあなたたちには馬鹿馬鹿しく見えるような話がのっている――そんな気のする方もいらっしゃるかもしれません。そうした色々な理由から、聖書よりも、たとえば現代小説が、もっと自分に身近い感じをあなたたちに与えるかもしれません。

それでいいのです。若くて幸福な今はそれでいいのです。だがあなたたちが年をとっていつか人生の悦《よろこ》びと一緒に悲哀や苦しみをどうしても味わわねばならなくなった時、もう一度、ダマされたと思って聖書を開いてごらんなさい。その時、今まで自分には遠い国の古い昔の話だと思っていたこの本が、突然、黄昏《たそがれ》の静かな光のなかで見なおす絵のように思いがけない影をともなって浮びあがり、そこに書かれたさまざまの話――むかしは時代離れのした寓話のように見えたものが、実はあなた自身のことを語っていたのだとお感じになられるでしょう。聖書とはそんな書物なのです。今はそれだけ憶《おぼ》えておけば別に無理をして開かなくてもいいのです。

だが一つのことだけは忘れないように。それは今日まで幾世紀もの間、あなたたちと同じ無数の女性たちが時には人生の苦しい日々に、時には辛い運命に負けそうになった時、これほど開かれた本はなかったということです。キリスト教の信者であるといなとにかかわらず、この本が人々に何かを語ったという事実はたしかにふしぎなことです。聖書ほど人々の悦びも嘆きも――つまり人間の体臭をすべてこめた本はない以上、みなさんが生涯それを黙殺するのはやはり惜しいといわねばなりません。

『聖書のなかの女性たち』（エッセイ）

キリスト教とは

「今日までの自分の人生で、無駄なものは何ひとつ、なかった」と私はこの年齢になってやっと言えるようになったが、しかし、このことをもう少し詳しく説明させてほしい。

幸か不幸か、私は少年時代に基督教《キリスト》の洗礼を受けた。そのせいか、ふりかえってみるとある人生の時期まで、自分の心にとってプラスになるものとマイナスになるものとの区分けをいささか強くやってきたのである。

正と不正とをはっきり区別し、善と悪とを明確に区別するのが、少年時代から受けた基督教的人間の教育だった。もちろん長じて文学をやるようになってから、私は軽々しくこれが正しく、これは間違っているなどと人間の心や行為を裁くことを避けるようになったが、しかしそれでも頭のなかには区別の気持ちがいつも働いていた。

それはものごとを二つにわけて考える発想法でもあった。プラスの反対はマイナス、善にあらずんば悪、健康でないのは病気、老いと若さとは対立するというように、すべてを二つにわける考えかたが長いあいだ私の頭に頑固にこびりついていたような気がする。そしてこの二分法をこの頭に一番つよく吹きこんだのはおそらく古い基督教の教育であろう。

『心の夜想曲』（エッセイ）

†

カトリシスムはよく保守反動の権化《ごんげ》のように若い人から言われる。そして私は同じカトリックとして、このやや現代では侮蔑《ぶべつ》的な意味をもった保守という言葉をある意味では悦《よろこ》んで受けたいと思う。なぜなら保守とは、自分に与えられたものを、たとえそれが自分にとっては苦しいものでも決して捨てずに守りつづけることだからだ。周知のようにカトリックでは自殺を禁じている。

私の考えではそれは現実や人生が苦しくても最後まで捨てるなということだと思う。カトリックでは特別な場合を除いて夫婦の離婚に賛成しない。私の考えではそれは男女にとって大事なことは相手をどう選んだかなどということではなく、一度自分の人生に加わってきたものを死ぬまでアダやオロソカには捨てるなということだと思う。

たとえ、それがどんなに見すぼらしく、みじめに見えても、人生を死ぬまで捨てるなということと、一度、引きうけた女を、死ぬまで守れということとには相似関係がある。

『ほんとうの私を求めて』（エッセイ）

†

非情な荒涼とした風物のなかに住む人間と宗教との関係は既に色々な人々によって説かれている通りである。こういう風景をみると自然と人間とのやさしい融和というような日本的汎神宗教は全く感ぜられない。

それよりも自然がきびしく人間を拒み、神は人間をかたくなに超えるというキリスト教の地盤が生まれたような気がする。ぼくは旧約のもつあのヤウエ神の時として人間にみせる厳しい、非情な隔りがこの荒涼とした山と山の下に点在する部落とのもつ関係から想像できるように思えるのだった。

『聖書のなかの女性たち』（エッセイ）

†

キリスト教徒でない人は、予言者——未来のことを予言する者のことと誤解するようですけど、予言でなく預言であって、神の言葉を預かって人々に伝える者のことです。

『私にとって神とは』（エッセイ）

†

日本人はユダヤから起り、西洋の坩堝《るつぼ》のなかで鍛えられたキリスト教にたいし、異邦人である。その血のなかに汎神《はんしん》的な傾向を持っている我々日本人が、一神論であるユダヤ教やキリスト教にある距離感をおぼえたとしても、決してふしぎではないのだ。

こうした日本人にたいして、日本に渡ってきたキリスト教が、あくまで西洋的な思考や感覚を押しつけるという過ちを犯したこともまた事実である。

その過ちの経過をここにのべる必要はないが、長年その重くるしさのなかで生きた我々日本人信者が、ポーロとエルサレム教会のある人々との間にくり展げられた「異邦人問題」に無関心でいられる筈《はず》はない。イエスの教えはユダヤ人たちのためだけにあるのではなく、人間すべてのためにもあるのだと信じたのがポーロの信念である。

それにたいし、キリスト教も、ユダヤの神《ヤウエ》を信ずる以上は、自分たちユダヤ人に異邦人たちは同化すべきだと考えたのがエルサレム教会のある人々である。

詳細に論ずるのは避けるが、私の考えではポーロの信念は一面において強さを持ち、他面、弱点を含んでいる。キリスト、もしくはキリスト教を一民族の宗教から世界的なものにする最初の種を植えた一人として（それは往々、過《あやま》って考えられているようにポーロだけの功績ではない。ポーロ以前に、ステファノ事件のためエルサレムを追われたあまたの離散信徒《ディアスポラ》たちの努力のお蔭《かげ》でもあるのだ）ポーロの貢献は強調しても強調しすぎることはないだろう。彼とその仲間の不屈の努力で、キリストとその教えはたしかに国境を越え、民族を越えたものになっていった。

だがそれが普遍性を主張すればするほど、それぞれの異邦人たちの伝統や思考方法や独自の感性までも無視するという弱点を逆にそこに孕《はら》むようになる。このことはたとえば、十六、七世紀の日本の習慣や伝統的感情をともすれば軽視した日本切支丹史の宣教師たちの悲劇をみてもわかるのである。

だが、だからと言って、異邦人布教を阻む厚い壁を生涯を賭《か》けて破ったポーロたちの業績が過小評価される筈はない。イエスの教えはこの人たちの闘いによって開かれた世界に向い、前進したのである。

『キリストの誕生』（エッセイ）

［神について］
神は存在ではなく、働きである

神は存在ではなく、働きである

ふりかえって見ると我々の人生には、我々の意志だけで乗りきったり、うまく運んだりしているのではなく、眼にみえぬ誰かがうしろからあと押しをしてくれた——そうとしか思えぬことがある。

たまたま昨日、故グレアム・グリーンの対談を読んでいたら、こんな彼の会話があった。グリーンは言うまでもなく、日本でも「第三の男」の映画などを通しても広く知られた英国の大作家である。

「こんなことを考えることもあるよ。いくつかの不思議な状況が私の人生をいい方に曲げてくれたとね。仕事の成功とか、金銭という意味でなく幸福という意味でだ。私の人生は起こるべき何の必然性もない幾つかの出来事のおかげで、決定的に変化したのだ」

グリーンも同じように危機において自分を救ってくれたもの、危機でない時でも自分の人生を「ある方向に」そっとあと押ししてくれるものを感じたのである。それをグリーンは「神」とよぶ。

『万華鏡』（エッセイ）

†

誰にも自分の人生が突如として変る切掛《きつかけ》も、その時期もわかる筈《はず》はない。神のひそかな意志がどのようにひそかに働くのか人間の眼には見えぬからである。

『遠藤周作文学全集10　評伝1』（エッセイ）

†

洗礼を受けた夙川《しゆくがわ》の教会は一部分を除いて往時のままで残っている。祭壇も椅子も昔とはなんら変ってはいない。

どんな人間にも意志とは関係なく、深い決定をさせられる場所があるとすれば、この夙川の教会が私にとってそうである。眼にはみえぬ大きなもの、大きな力を私は自分の人生を通して知っている。

『落第坊主の履歴書』（エッセイ）

†

眼にみえぬ働き——それを神といってもいい。なぜなら神とは普通に言われているように存在というよりはむしろその働きを我々に感じさせるものだからだ。

それに気づいたのは自分の人生をいささか俯瞰《ふかん》できる年齢になってからである。神は直接的ではなく間接的に、友人や邂逅《かいこう》や離別や、いや犬のぬれた眼や死んでいく小鳥の眼を通して働いていたことがやっと私にもわかったのだ。

『落第坊主の履歴書』（エッセイ）

†

神といえば私が学生時代、よく学生たちは議論したものである。「神がいるなら、その存在を哲学的に証明してみろ」と……。そしてある者は青くさくパスカルの賭《か》けの論理を口にしたり、カントの純粋理性批判の秩序を引用した。哲学科の男は習ったばかりの中世哲学トミズムの運動の原因論などを持ち出した。

これは遠い遠い昔の話である。あの頃のことを思い出して老いた私は思わず苦笑する。何という無駄な幼稚な議論をやっていたのだろう、と。もっと早く気づけばよかったのだ。神とは存在ではなくて、働きであるということに。

そしてその働きを私は自分の人生のなかで色々な形で感ずることができた。

たとえば本格小説を書いている時、稀《ま》れではあるが自分が書いているのではなく、誰かに手を持って書かせられていると思う箇所が私にもある。本が完成したあとに読みかえすと、その箇所が私などの実力をこえ、素晴らしくよく働いている。

そんな体験を私は同業の友人や他の芸術家にたびたびたずね、「自分もそうだ」という返事をえた。たとえば尊敬する彫刻家の舟越保武先生も心からこの働きに同意してくださった。

あの時、私の腕をもって助けてくれたものは何か。グリーンのいう彼の「人生をよき方向に向かわしてくれた力」とは何か。

近頃、深層心理学者たちはそれを無意識の働きと呼ぶようになった。しかし私などは無意識だけでは割りきれぬ何かを感じる。眼にみえぬそれらの働きを感じる時、神は我々のなかで、我々の人生のなかで、ひそかに働くことで自分を示していると思う。

『万華鏡』（エッセイ）

†

神が存在するという前に、神でも仏でも、自分の心の中にそういうものが働いているかどうかということが問題です。仏教では、仏の働きは心の底にあると言います。働きがあるというのは、本当にそれがあることだから、神とかキリストとかいうのは、働きだとまず思ったらいいのではないでしょうか。神とは自分の中にある働きだ、と私は考えているのです。

それは、自分の心の中でそういう気持になるのか、あるいは自分の意思を超えてそうなるのか、非常にあいまいなものが心の中にあるでしょう。その働きをキリストと言ったり、仏と言ったりするんじゃないだろうかと、私は思っているわけです。くりかえして言うと、神の存在ではなくて、神の働きのほうが大切だということなのです。

『私にとって神とは』（エッセイ）

†

悪の中にも罪の中にも神の働きがあるということを言っておかねばなりません。どんなものにも神の働きがあるということです。病気でも、物欲でも、女を抱くことにでも神の働きがあるということを、小説を書いているうちに私はだんだん感じるようになりました。神は存在じゃなく、働きなんです。

『私にとって神とは』（エッセイ）

†

私は人によく言うのですが、君は神様を問題にしないかもしれないけど、神様は君を問題にしているのだ、問題にしている以上は、形を変えていろんなことを神様はやってくださっていると。神様はいいほうに向かわせてくれるという一種の信頼感があります。だから、私は信仰を強制する気は全くない。

『私にとって神とは』（エッセイ）

神様というのを二とおりに考えていただきたいのです。

†

常に目の前に、灰皿がそこにあるように、あそこに神がいる、と神の存在を見つけるものではないということがだんだん私にはわかってきました。後ろのほうから、いろんな人を通して、目に見えない力で私の人生を押していって、今日この私があるのだということがわかってきたのです。後ろから背中を押しているのが神なのです。

もう一つは、自分の人生を単独な自分のみの人生と考えないで、父親、母親をはじめいろいろな人を合わせた総合体としての場で自分が成立しているのだということを考えたのです。遠藤周作個人より、背後にいろんな人がいて、たとえば『イエスの生涯』が書けたのもそのおかげだと、『沈黙』を書いて以後だんだん思うようになってきました。その中には、さっき言った母もいれば、私に影響を与えたいろいろな人もいる。現実に生きている人もいるし、読んだ本の著者などもいます。そのように後ろから押しているものと私を存立させる場というものの二つがあって、それを考えかみしめていると、やっぱり神が働いているなという感じが私にはするのです。

『私にとって神とは』（エッセイ）

†

聖霊というのは、フランス語ではサン・テスプリと言います。あの人はエスプリがあると言うでしょう。魂を動かす力、心を動かす力のことをエスプリと言うんです。それが通俗的には機知に富んでいるという言い方になりますが。

霊というのは、適切な日本語がないから、しようがなくそう言うのですが、幽霊の霊と間違えられることもあります。そうじゃなくて、本当に心や全身の底を動かす力、全身を変えてくれるような力と考えてくれればいいのです。そしてそれが働く場は、何度も言いますが無意識の場――仏教で言う阿《あ》頼《ら》耶《や》識《しき》だと思います。

仏教でも、仏の力が働いて悟りに入ったとか、無の境地に達したということになるのではないでしょうか。宗教的自覚、つまり人間の生命の心髄にふれる自覚をさせてくれるもの、それを聖霊と言っていいのです。

キリスト教のほうから言うと、原始キリスト教団時代にポーロという人がいて、これはユダヤ教の戒律を一所懸命守っていた人です。ユダヤ教の戒律というのは、人間が修行するため、神ヤウェに仕えるにはこうしなければいかんというたくさんある規則のことです。しかしそれにいくら従っても、たとえば肉欲というものを捨てようと思うと、かえって肉欲を意識する、女を抱いたらいかんと思っていると、かえって女を意識するでしょう。そういうふうに、聖ポーロは戒律のことを考えると、戒律にとらわれすぎてしまって、どうにもしようがなくなってしまい、ついにそれを全部ほうり投げてしまって、大きなものに身を任せようとした時に、初めて悟った。彼はその戒律を超えたもの――キリストにぶつかったというわけです。

使徒行伝なんかを読みますと、ポーロがダマスカスへの途上で、彼を盲目にさすほどの光にあって、思わず倒れてしまい、キリストに出会ったと書いてありますが、いま言ったようなことを当時の人たちは象徴的にそう書くより仕方がなかったからです。要するに戒律というか、意識的信仰というものを全部捨ててしまって裸になった時に、キリストに出会ったということです。

仏教では分別智識の世界を捨てた時、悟りに入ると言いますね。あれに似ているのだと思うのです。だから、私の心の中にキリストがいるんだということをポーロが言っているのですが、これは仏教で言う己事究明《こじきゆうめい》、己《おのれ》のことを究明して、自我煩悩というものをどんどん捨てていったら、自我ではなく、最後に本当の自己というものにぶつかって、そこに仏様の御心が働いていると自覚するのと似ていると思います。精神の基底となるところを仏教では阿頼耶識と言っていますが、心の活動の根源となるこの阿頼耶識は、因果の法則とともに仏様の力も働くのです。

これはキリスト教で言うと、ポーロが戒律のがんじがらめから脱出してキリストを見つけたというのと同じだと考えていいと思います。私はこの点をすぐれた聖書学者の八木誠一さんに接することで学びました。

だから、そこへ働いてくれる力をサン・テスプリと言ったり聖霊と言ったりするのです。

『私にとって神とは』（エッセイ）

神を知る

聖書の中に、「汝《なんじ》は冷たくもあらず、熱くもあらず、ただなまぬるきなり」という言葉があります。人生でなまぬるいやつは、神を知らない、だから、激しく神を愛するか、激しく神を憎むか、そのどっちか——つまり本当の無神論者ならば神を知ることができます。しかし、神なんか、あってもなくても、どうでもええというような人には、永久に神はわかりません。だから、激しい女というのは、神や愛を知ることができるという考えが、そこにあるのだろうと思います。『私にとって神とは』（エッセイ）

†

私はひたぶるに神を求めることはなかったが、生涯のんびり、ゆっくり楽しみながら神を求めたと言えるかもしれぬ。

のんびり、楽しく、とは無理をしなかったという意味である。無理をしなかったというのは第一小説を書いたり読んだりしながら、つまり人間の心のなかをまさぐりながら、六十歳の歳月をかけて神を求めるものが人間の無意識のなかにひそんでいるのを実感したからである。また色々なステキな友人を通して神のあることを感じたからである。

『心の夜想曲《ノクターン》』（エッセイ）

†

イエスの話はサドカイ派やパリサイ派の教師《ラビ》や獣の皮をまとった預言者のそれのようではなかった。教師や預言者たちはいつも人間の弱さを責め、神の怒り、神の罰の怖《おそ》ろしいことを烈しく威嚇《いかく》するように説いたが、イエスはそんなことは一度も口にしなかった。彼は神もさびしいのだと言った。神は女が男の愛を求めるように人間をほしがっていると語った。神は預言者たちの言うようにきびしい山や荒野にかくれているのではなく、辛い者のながす泪《なみだ》や、棄てられた女の夜のくるしみのなかにかくれているのだと教えた。

『死海のほとり』（小説）

†

「現世においては、すべては変転きわまりなく、恒常なるものは何一つとして見当らぬ」

ということの遺書の一節は我々に行長《ゆきなが》の人生そのままを連想させる。彼を引きたてた秀吉は同じように「浪速のことも夢のまた夢」と辞世の句で呟《つぶや》いた。だが切支丹の行長にとってはすべて変転きわまりないのは彼がその眼で見た四十数年間の武将たちの栄枯盛衰《えいこせいすい》や権力者の交替のみならず、彼自身の野心のむなしさ、はかなさであった。

「恒常なるものは何一つ、見当らぬ」。彼はこの時、神のみが彼の頼るただ一つの存在であったことを妻と子に――自分の変転きわまりなかった人生の結論として――語ってきかせたのであろう。

四十数年間の彼の生涯はこうして幕を閉じた。彼はおそらく幼児洗礼によって神と関係を持ったが、その過半生ではその信仰はまだ右近《うこん》のように本物と言えなかった。戦国の時代に生れた行長は他の英雄たちと同じように野心がありすぎた。野心は彼にとって神より大事だった。だが彼が神を問題にしない時でも、神は彼を問題にしたのである。「神は我々の人生のすべてを、我々の人生の善きことも悪も、悦びも挫折をも利用して、最後には救いの道に至らせたもう」

この聞きなれた言葉を行長の生涯のなかで我々も見つけることができる。神は野望という行長の首枷《くびかせ》を使って、最後には「彼を捕えたもうた」からである。一度、神とまじわった者は、神から逃げることはできぬ。行長もまた、そうだったのである。

『遠藤周作文学全集10　評伝1』（エッセイ）

本気であろうがなかろうが、勝呂は一人の女を妻として選んだという行為だけは認めざるをえなかった。その事実は彼女が彼と一つの屋根の下で住み、彼と生活し、彼の子供の母親であるということだった。満足しようが満足しまいが、彼女は勝呂と一緒に生きていく女だった。

†

勝呂は他の男たちのように純粋な愛情でこの女を選んだのではないと思ってきたが、愛というあの大袈裟《おおげさ》な気障《きざ》な言葉には信仰とか洗礼とかいう言葉と同じような軽薄なひびきがあった。愛という意味は勝呂の心のなかで少しずつ新しい意味を伴ってくる。人はうつくしいものや綺麗《きれい》なものに心ひかれるが、それはもちろん愛などではない。

「君なんか……俺……本気で選んだんじゃないんだ」

ある夜、彼が彼女を撲《なぐ》り、口に出してはならぬ言葉を口に出した時、おむすびのような顔がじっと勝呂を見つめ、おむすびのような顔に泪《なみだ》が流れた時、勝呂はこの女がやはり自分の妻だと思った。

心臓が弱いので、はあ、はあ、息を切らして竈《かまど》のなかに石炭と薪とを放りこんでいる。眼《ま》ぶたや頰がむくんで、髪に白い灰がついている。どこにでも転がっている疲れた細君の顔だ。けれどもそれはやはり勝呂の作品にちがいなかった。材料を集め、それをこねあわせ、いらだち、書いた勝呂の下手な小説と同じように彼自身の人生の作品にちがいなかった。そして、そのくたびれた顔のうしろに勝呂は妻と同じように、彼が本心から選んだのではないもう一つの顔をみつける。妻と同じように、彼が今日まで憎んだり撲ったり、そして、

「君なんか……俺……本気で選んだんじゃないんだ」

幾度もそう罵《ののし》った「あの男」の疲れきった顔を見つける。

うどん屋で妻が勝呂の心の裏を知らず嫁《とつ》いできたように「この男」も冬の朝、夙川《しゅくがわ》の教会でカラスが愛しもせず口にだした公教要理《こうきようようり》の形式的な誓いを本気にして、勝呂のところにやってきた。妻と同じように、はあ、はあと笛のような音をだして息をきらせ、みにくい顔をしてこの三十数年の間、彼の同伴者になってきた。

彼が「この男」を本気で選んだのではないんだと罵る時その犬のように哀しそうな眼はじっと彼を見つめ、泪がその頰にゆっくりとながれる。それが「あの男」の顔だ。宗教画家たちが描いた「あの男」の立派な顔ではなく、勝呂だけが知っている、勝呂だけの「あの男」の顔だ。

私は妻を棄てないように、あんたも棄てないだろう。私は妻をいじめたようにあなたをいじめてきた。今後も妻をいじめるようにあなたをいじめぬと言う自信は全くない。しかしあなたを一生、棄てはせん。

『遠藤周作文学全集7　私のもの』（短篇小説）

†

「神というものはあるのかなあ」

「神？」

「なんや、まあヘンな話やけど、こう、人間は自分を押しながすものから——運命というんやろうが、どうしても脱《のが》れられんやろ。そういうものから自由にしてくれるものを神とよぶならばや」

「さあ、俺にはわからん」火口の消えた煙草を机の上にのせて勝呂は答えた。

「俺にはもう神があってても、なくてもどうでもいいんや」

「そやけれど、おばはんも一種、お前の神みたいなものやったのかもしれんなあ」

「ああ」

彼はたち上り救命袋を持って廊下に出た。戸田はもう呼びとめなかった。

『海と毒薬』(小説)

†

マルコによる福音書の一番初めを読むと、らくだの毛の衣を着て、腰に革の帯をしめ、いなごと野蜜を食っていた洗者ヨハネが荒野にあらわれて、みんなに言うには、罪の許しを得させるために、悔い改めよ、と言うわけです。神は怒る、神は罰《ばっ》する、神は裁《さば》くのです。そこへその弟子としてイエスが、ナザレの大工の家から飛び出してきて洗礼をヨハネから受けるのですが、彼はそこで、神とは、怒りの神でもない、裁きの神でもない、愛の神だ、ということを見つけて、洗者ヨハネ教団から離脱して、自分の教団を少しずつこしらえ始めたのです。

　イエスが説いたのは、裁きとか罰するとかいう神のイメージではなくて、愛してくれる神のほうです。イエスは人間に信頼感を持っていました。聖書の中で裁きのことをイエスが言っているのは、それはイエスが死んだ後、原始キリスト教団の意識を反映した部分だと思います。何度も言うように、イエスが説いたのは、そういう神ではなく愛する神、許す神であったのです。

　神は、何を過去にしていても、最後に、本当におれは悪かったと後悔する者は救われるのだ、と言ったのです。

『私にとって神とは』（エッセイ）

†

「嫌い」ということはすでに祈りだと。信じていなければ嫌うはずがないんだし、憎しみというのは、愛にひっくり返る可能性をもっているわけです。だから「あなたのこと大嫌い」とか、あるいは「なぜ神は私を見棄てるのか」と言い始めたときは、すでに祈りの言葉が始まっている。

『「深い河」をさぐる』（対談）

神はあるか、否か

私はカトリックでしたから、しかも日本人のカトリックでしたから、いつも神のある、なしの問題に苦しんでまいりました。三年に近いフランス留学の間、私は欧州の至る所に、神を信ずるか、それを憎むかの鮮血淋漓《りんり》たる闘いのあとを見ました。つまり、キリスト教がヨーロッパ人に与えた怖《おそ》るべき形而上的な劇《ドラマ》の刺激が、これほど深かったのかとシミジミわかったのです。

当然、私は日本人である自分たちのことを考えました。日本人には神が伝統的になかったため、正確にいえば神を憎む無神論ではなく、神があろうがなかろうが、どうでもよい無神論に支配されていたことに気づきました。かりに日本の自然主義的な小説に劇があるとしても、それが余りに薄手であるのは、たしかにこの点に理由があるのです。

私が原稿用紙の第一行にジャック・モンジュという欧州人の名を書きつけます。すると私はジャックの彫りのふかい白人の顔の背後に神と悪魔、人間と社会、肉欲と霊の血みどろな闘いを思いうかべることができます。作家としての私に彼は劇を要求するのです。

けれども、もし私が時任謙作《ときとうけんさく》（志賀直哉の『暗夜行路』の主人公）という名を書きつける時、謙作は私の裡《うち》にあってせいぜい日常的な世界で女をだいたりサラを投げつけたりするくらいの劇しか与えてくれないのです。

『春は馬車に乗って』（エッセイ）

†

偶然の理由から私は『パンセ』を幾度も読んだのだが、結局、『パンセ』のもつ、ある情熱的な文体と、この著者の回心の心理が、私をいろいろと自分流に考えさせたことは否めない。

たとえば「神を知ることから神を愛するまでには遠い距離がある」という彼の言葉はそんな意味で、当時、基督教《キリスト》の洗礼をうけながら自分の心にある東洋的な汎神《はんしん》的な感性に心ひかれる私にとっては大変、おそろしい啓示になった。

私はあのパスカルの神の存在の賭《か》けさえも自己流に屈折して読んだのであろうが、ともかく「神があるか、否か」という問題をこれほど生涯の問題として賭けようとした一人の西洋人が「神があろうが、なかろうが、どうでもいい」日本人の私の前に突然、たちはだかったのである。私は『パンセ』を読むたびに、日本人の自分、つまり神などかつて問題にしないでもすむ伝統や風土に生きている自分を一つ一つ考えさせられたのだ。

　こうした読みかたは『パンセ』を正当に読んだものではないかもしれない。勿論《もちろん》、私はその後、『パンセ』の中で、今いったような視点とは別なものを得るようになった。たとえば「イエズスの秘義」の章は、私が小説家としてやはり影響をうけてしまった部分だとも言える。世の終りまで基督は人間の苦しみを分かちあう――あのパスカルの言葉は、ともすれば私の中で対立しあう文学と宗教とを結びつけてくれるような気がする。

『春は馬車に乗って』（エッセイ）

†

　選ぶということがすべてを決定するのではない。人生におけるすべての人間関係と同じように、我々は自分が選んだ者によって苦しまされたり、相手との対立で自分を少しずつ発見していくものだ。

『留学』（小説）

†

　無関心ということと憎しみということと、どちらかを選べというならば、私はむしろ人間として、まだ憎しみのほうに心ひかれます。なぜならば、憎しみということは、人間に対する関心を意味しているのであり、また憎しみは愛に変わるからです。神を憎むものが深い信仰者になるということは、よくあることです。しかし、神に無関心な者は、いつまでも神に無関心です。たいていの日本の無神論者は、神を憎んで無神論者になるのではありません。神に無関心な無神論者です。どちらかを選べというならば、私は、神を憎む無神論者になるでしょう。というのは、神を憎む無神論者は、それによって生きる充実感を持つことができるからです。

『私にとって神とは』（エッセイ）

†

人はキリストを通して愛の神を知るのですが、自分の人生の途上においても神を背中に感じることがあるでしょう。神を感じさせるものが聖霊で、更にキリストの教えがあって、その奥に神があって、そしてこれで神というイメージができ上がるのです。だから、このどれ一つが欠けても、神について不完全な感じ方になってしまいます。この三つがあって、神というもののイメージが感覚的に感じられるのだと思います。

『私にとって神とは』（エッセイ）

†

人間には神を求める心があれば、まずそのままでいていいと思うのです。つまり神は働きだといいましたけど、その人がキリストを問題にしないでも、あるいは仏さんを問題にしないでも、キリストが、仏が、その人を問題にしているから、大丈夫、ほっておいていいのです。というのは仏教で時節到来という良い言葉のあるように、人間が神や信仰に目覚める時節は人生にいつか到来するからです。ひょっとするとそれは死のまぎわかもしれないが、死のまぎわでもよいのだと私は思います。

『私にとって神とは』(エッセイ)

†

どんな人間にもそれを人に知られるくらいなら死んだほうがましだと思うほどの秘密が心の奥にかくされている。そしてその秘密は別に人を殺したとか、何かを盗んだという種類ではないが、当人にとっては思いだすのも苦しい秘密かもしれない。何だ、そんなことかと他人は考えるかもしれないが当人には嚙《か》みしめるのが実に辛い秘密なのだ。

心療科の医師たちは時にはその秘密を患者の口から告白させることによって、その肉体にあらわれた症状や神経の狂いを治療することがあるが、多くの人間はそういう症状が肉体に出ないから、自分一人でその秘密をまるで近よってはならぬ暗い洞穴のように一生のあいだ持ちつづけて生きていくだろう。

しかし、人生が本当に営まれているのはこの暗い洞穴のなかである。我々が自分に正直になり、神とむきあえるのも、この暗い洞穴のなかにおいてである。
人には言えぬ秘密。しかしそれは神は知っている。知ってはいるが――多くの人がおびえるように、それによって神は怒ったり裁いたりはしない。むしろその秘密があればこそ人間はやがて神を求め、神を探り、神をほしがることを知っているのだ。――そう、私はこの頃、思うようになった。

『生き上手　死に上手』（エッセイ）

†

キリストは、いやな人間の中にもいます。いい人間の中にもいます。だから、私は他人の中のキリストにいつも会っているではないか、と思うと、私にはとても気楽なのです。

『私にとって神とは』（エッセイ）

†

基督教《キリスト》の信仰というものは多くの場合、長い人生の集積をさすのであって、普通、考えられているように改宗、もしくは受洗した日から一挙に心の平安や神への確信が得られるものではあるまい。神はその人の信仰が魂の奥に根をおろすまで、陽にさらし雨をそそぎ、さまざまな人生過程をあたえられる。

『遠藤周作文学全集10　評伝1』（エッセイ）

†

我々の眼からみて不倖《ふしあわ》せや、みじめにみえる出来事も神の大きな尺度からは幸福をつくる種なのかもしれぬ。それがただ我々にみえぬだけなのだ。神の御意志《みむね》は人間の智慧《ちえ》ではははかりしれぬ。

『遠藤周作文学全集8　代弁人』（短篇小説）

それでも神への信頼はゆるがない

キリスト教を信じれば、こういう現世利益《げんせいりやく》があるということを、イエスは、自分の人生の中でまったく否定してしまったということです。

イエスが十字架にかかるまでの間というのは、外見的には、神は何も助けてくれなかったように見える。奇跡も起こらず、誰も助けなかった。神は現実的な利益というものは、何もイエスには与えられなかった。

けれども、イエスは十字架で死ぬまで、神に対する信頼というものを少しも失わなかった。そこが、ほかの宗教とキリスト教とが違うところだ、と私は思うのです。

『私のイエス』（エッセイ）

†

キリスト教で言う救いというのは、神の永遠の生命の中へ入っていくことだし、それからまたキリストが復活するというのは、これは何度もくりかえしますが、蘇生じゃなくて、神の大いなる生命の中へ参与することです。キリストを通してそこへ参加するということです。

ここの点は、私ははっきり言えませんから、仏教の方たちにむしろ教えていただきたいんですが、空《くう》の世界というのと、永遠の生命というのとは、本質が違うような気がします。空の世界というのは、それがいかに大きな法《ダルマ》であったとしても、そこにはネガティブなものしか私には感じられないのです。

つまり生命の躍動感というものをそこに感じられません。仏教のほうは、生命は輪廻《りんね》変転します。

しかしキリスト教のほうは、救いというのは神の創造的な生命に参与することで、大いに躍動しています。創造進化していく生命の中へ参加するのですから、無時間でいつも同じな空をさらに乗り超えたものであるような気が私にはします。この点はすぐれた現代のキリスト教思想家、テイヤール・ド・シャルダンがみごとに書いています。ただ仏教における空と生命との関係について、私は不勉強なので、お教えをいただければありがたいと思います。

仏教における救いというのは、結局、寂滅《じゃくめつ》ということでしょう。寂滅ということは、もちろん滅びるということではなくて、煩悩《ぼんのう》その他をすべて取り払って、輪廻の世界を解脱した世界に行くことです。

それは私にもよくわかります。わかりますが、キリスト教の場合のように、そこに生命の躍動というものが私には感じられないのです。生命の躍動というのがキリスト教にあるのは、キリストが自分が死ぬことでそれをかち取ったからです。われわれのためにかち取ったという感じがするわけで、仏教では、釈迦が死ぬことでそれをかち取ったという感覚とか、イメージはないのです。

その差に私がまだこだわっているために――私は元来なまけ者なのですが、この点にだけは妙にこだわるのです――仏教に心を預けることができないのかもしれません。

『私にとって神とは』（エッセイ）

†

どんな村でも、その底まで探れば、日本の歴史につながる何かが浮びあがってくる。小説家の私は、大説家のように高みから、広い視野から日本史を俯瞰《ふかん》する気持はない。むしろ下から、名もない一つの村の出来事から日本史のながれにふれてみるほうが好きである。

私が講演のため、また今度の『女の一生』のために選んだ「一つの小さな村」とは長崎のすぐ近くにあった浦上村という貧しい村だった。

今は長崎市に入れられ、かつての面影はまったくないが、文字通り寒村といっていい、この村は、しかし、日本の歴史で忘れることのできぬ二つの大きな試練を受けた。

試練のひとつはこの村のあった長崎市浦上町に昭和二十年八月、一機の米軍機が「ふとっちょ」とよぶ原爆を落したことである。

だが、そこに原爆を落した米国人たちはこの村の大半の村民が基督教徒《キリスト》であり、むかしその信仰ゆえに迫害されているのを救うのに、彼らの大統領グラントの力のあったことを承知していただろうか。

明治の初期に条約改正のため渡米した岩倉使節団一行にグラント大統領は、近代国家とは言論、宗教の自由を認めることだと説き、日本政府が浦上村の村民を切支丹《キリシタン》ゆえに投獄し、各地に流していることを批判した。

そして帰国した岩倉たちは、宗教の自由を日本憲法におりこむことを考慮した。日本人が宗教の自由を得るために浦上の農民は踏み石になったのである。まこと浦上は受難の村である。

村民の大半が流罪になったような村は、日本の近代史にもないであろう。しかも、その村は彼らを助けた米国人によって、原爆を落され、壊滅している。

「一つの小さな村」のこの皮肉な歴史は、近代から現代にいたる日本の影を投影しているのだ。

『春は馬車に乗って』（エッセイ）

現代に宗教は必要だというのはやさしい。宗教が自分に持てればどんなにいいだろうと思う者は多いからである。

しかし切実な問いはむしろ「にもかかわらず現代人はなぜ宗教を信じられぬか」にあるのだ。その時、我々はごくあたり前の問題にいくらでもぶつかる。なぜ神がいると言えるのか。神がいるならなぜこの地上は暗いのか。そうしたさまざまの根本疑問に更に宗教と教団との問題がむすびつく。そしてその一見高校生的な問題はもしそれを現代人の立場から考えるならば、更に複雑になっていく。

†

私の考えでは聖職者たちはこうした問題にたいしてほとんど逃げ腰であるように思える。逃げ腰と言って失礼ならば、その答えは普通の現代日本人である我々を満足させぬのが常であるということは、現代に彼らの宗教が耐えられぬということなのだ。

宗教をこれほど人々が希求する時代はないにもかかわらず、宗教が現代を支えられぬままになっているのが二十世紀の宗教である。だがやがて必ずそれらすべてを支えるものが生れてくる。

『春は馬車に乗って』（エッセイ）

†

洗礼は神が人間に与え給うたもので、人間が人間に与えるものではない。パードレのお叱りの言葉に私は自分の考えの至らなさ、信仰の足りなさを恥じた。たしかにその動機が何であれ、洗礼という神のお力によって人間は救いの道に至るのだ。

『遠藤周作文学全集8　日本の聖女』（短篇小説）

神もともに苦しんでいる

「あたし、神さまなど、あると、思わない。そんなもん、あるもんですか。」

「なぜなの？　壮ちゃんが死んだから？　あなたの願いを、神が、きいてくれなかったから？」

「そうじゃないの。そんなこと、今はどうでもいいんだ。ただ、あたしさ、神さまがなぜ壮ちゃんみたいな小さな子供まで苦しませるのか、わかんないもん。子供たちをいじめるのは、いけないことだもん。子供たちをいじめるものを、信じたくないわよ。」

純真な小さな子供にハンセン病という運命を与え、そして死という結末しか呉《く》れなかった神に、ミッちゃんは、小さな拳《こぶし》をふりあげているようでした。

「なぜ、悪いこともしない人に、こんな苦しみがあるの。病院の患者さんたち、みんないい人なのに。」

ミッちゃんが、神を否定するのは、この苦悩の意味という点にかかっていました。ミッちゃんには、苦しんでいる者たちを見るのが、何時も耐えられなかったのです。しかし、どう説明したらよいのでしょう。人間が苦しんでいる時に、主もまた、同じ苦痛をわかちあってくれているというのが、私たちの信仰でございます。

どんな苦しみも、あの孤独の絶望にまさるものはございません。自分一人だけが苦しんでいるという気持ほど、希望のないものはございません。しかし、人間はたとえ砂漠の中で一人ぽっちの時でも、一人だけで苦しんでいるのではないのです。私たちの苦しみは、必ず他の人々の苦しみにつながっている筈です。しかし、このことをミッちゃんにどう、わかってもらえるか。

いいえ、ミッちゃんはその苦しみの連帯を、自分の人生で知らずに実践していたのです。

『わたしが・棄てた・女』（小説）

†

「この病気は病気だから不幸じゃないのよ。この病気にかかった人は、ほかの病気の患者とちがって、今まで自分を愛してくれていた家族にも夫にも恋人にも、子供にも見捨てられ、独りぼっちになるから不幸なのよ。

でも、不幸な人の間にはお互いが不幸という結びつきができるわ。みんなはここでたがいの苦しさと悲しみとを分けあっているの。

この間、森田さんがはじめて外に出た時、みんながどんな眼であなたを迎えたか、わかる？　みんなは、自分も同じ経験をしたから、あなたが一日でも早く、自分たちにとけこむ日を待っていたのよ。

そんな交りは普通の世間では見つけられないわ。ここにだって、考えようによっては別の幸福が見つけられるのよ。」

ミツは返事こそしなかったが、スール・山形のいう言葉を一生懸命きいていた。今日まで彼女は誰からもこういう話を耳にしたことはなかったし、もちろんその小さな頭はスール・山形の話をすべて理解したわけではなかった。

しかしミツこそ、今日まで他人の不幸をみると、その上に自分の不幸を重ねあわせ、手を差しのべようとする娘だったのだ。そして今、自分を他の患者たちがあたたかく迎えようとしていたのだと修道女から聞かされた時、彼女はやはり涙ぐみたいほどの嬉しさをおぼえた。あの人たちを嫌悪し、あの人たちのみにくい容貌をおそれていた自分がひどく悪い人間だったと思えてくるのである。

「ねえ……」

針と布とを膝の上において、ミツはそれら患者たちが可哀想でたまらなくなってきた。彼女自身、同じ病気であることさえ忘れてしまって、スール・山形にたずねた。

「あの人たち、いい人なのに、なぜ苦しむの。だってさ、こんなにいい人たちなのに、なぜこれほど可哀想なめに会うのよ。」

「あたしも、その問題を毎晩、考えるわ。」

スール・山形はミツの眼をじっと見つめながら、

「眠れぬ夜に、考えるわ。世の中には心のやさしい人ほど辛い目に会ったり、苦しい病気にかかったりするのね。なんのために神さまはそんな試練を与えるのか、あたしもよく考えるわ。

この病院にはびっくりするほど心の美しい患者さんが沢山いるわ。世間にいた時だって、その人たちは悪いことなんか何一つしなかったでしょう。それなのになぜ、この人たちだけがこんな病気にかかり、家族に棄てられ、泪をながさねばならぬのか、考えるわ。

そんな時、あたしは自分が信仰している神さまのことまで、わからなくなる時もあるの。……でも、あとになって考えなおすのよ。この不幸や泪には決して意味がなくはないって、必ず大きな意味があるって……」

『わたしが・棄てた・女』（小説）

†

この時も彼は自分が今、おかれている立場と、自分がその中で育ってきた基督教の信仰との矛盾を考えざるをえなかった。神から与えられた命を自分の意志で絶つことはできないという教会の教えは、修平の心にしみついていた。

（お前は、仲間たちの特攻機に乗る時、教会の教えば楯《たて》にとって、自分一人だけ生き残ろうてするとか。お前は都合のよか時、宗教の教えば利用しとるじゃなかか）

修平の耳もとできびしく一つの声がそう言っている。それはとりもなおさず上官の声であり、日本という国家の声だった。

（結局はお前はこん運命の言いままになってしまうかも知れん。入団前、お前はもがいたばってん、確信ば得られんまま海軍に入ったじゃなかか。しかも今は艦爆ていう訓練ば受けさせられている。どげんささやかか抵抗も無駄たい。なるようにしかなりはせんたい）

それくらいならもう「殺すなかれ」とか「自殺してはならぬ」という教会の教えは、さっぱり忘れ、他の予備学生と同じ気持になった方がどれだけ楽かもしれない。だがそう簡単には割り切れられないことも、修平はよく知っていた。

『女の一生　二部・サチ子の場合』（小説）

†

わたしの咽喉が痛いとき

あの子の咽喉も痛み
わたしが夜　咳をする時
あの子も眼をさまして咳をする

わたしがママから叱られて泣く時
あの子もわたしと一緒に泣いている

夕陽にうつるわたしの影法師のように
あの子はいつもわたしと一緒だ

この「あの子」というのが少女にとってキリストをさしていることは言うまでもない。ちなみにマチルドは子供の時から病身で十一歳で死んでしまわねばならなかった。この幼々した詩をたんに病身で一人ぽっちの子供が友だちを求めた可憐《かれん》な詩として片づけられぬものがある。

この詩のなかには幼い心に既に生れた苦しみの連帯への慾求と孤独からの解放とが素直に歌われているからだ。それはあの聖書のなかの女たちの叫びにも代えられるだろう。

それらはもっと悲痛でもっと慟哭的《どうこくてき》であるが。　『聖書のなかの女性たち』（エッセイ）

†

手術後、苦痛が伴っても麻薬を与えてはならない患者がある。麻薬が術後の肉の結合を妨げるからだ。

「そんな時、あたしたちは患者さんの手を握ってあげるんです。するとふしぎに今まで呻《うめ》いていた患者さんが少しずつ静かになるんです」

なにげない看護婦のこの言葉は、私に次のことを考えさせる。私たちが苦しんでいる時はふしぎなことだが、「私だけが苦しんでいる」ような孤独感がどこかにまつわりついている。

もちろん、そんな馬鹿なことはありえないのであるが、この苦悩と孤独感はだれの心にもどこかで強く結びつけられている。

たとえば現在の私のように病院生活を送っているものは誰もがいつもこの事実を味わせられるのだ。あまたの病人にとりかこまれているのに大半の病人は自分が他の患者よりはもっと不幸でもっと苦しいような錯覚に多くの場合おちいるのだ。

だが「手を握る」という行為に示される二人の人間の連帯感はこの苦悩の孤独感をやさしく鎮めてくれるのである。

看護婦に手を握られた患者が次第に静かになるのは少くとも肉体の苦痛のなかからこの手を通して孤独感をとり除けられ「だれかが自分と苦しみをわかちあってくれている」ことを感じるからにちがいない。

『聖書のなかの女性たち』を書きながら私が血漏《けつろう》を患う女とキリストとの出あいの場面で描写したのは「苦しみを分ちあおう」とするこの連帯感である。

聖書のなかに出てくる病人たちの過去やくるしみがどんなものかはもちろん、我々にはわからない。しかし彼等の肉体的な苦痛には辛い孤独感が銹《さび》のようにまつわりついていたにちがいない。

キリストはこのことを知っていた。

病気を患っている女性だけではない。聖書を読むと彼は好んで社会からうしろ指をさされるような娼婦や長いくるしみを味わわねばならなかった病女を探して歩いたようにさえみえるのだ。そして已に「充ちたりたもの」や自分の人生に満足しきった人々はむしろ避けているようにさえ思われる。

彼が「聖書のなかの女たち」に接した態度は彼女たちの苦しみや孤独を自分に引きうけようとする連帯感にほかならなかったのである。

夏の黄昏《たそがれ》私が窓でみた若い妻の姿。あのように彼は人々のそばにいつもいる。彼等の手を握る。人々のくるしみはそれぞれによって違うが、彼はそのすべてを引きうけようとする。病気の苦しみも……みなから嘲《あざ》けられた苦しみも……愛の苦悩も……そして最後の死の恐怖さえも引きうけようとする。

『聖書のなかの女性たち』（エッセイ）

［遠藤周作のキリスト教観］

日本人の心にあうキリスト教を求めて

山折哲雄

西欧文学の額縁から抜けだして

生前の遠藤周作さんに、私は二度お目にかかっている。一度目は、遠藤さんが主宰されていた「日本キリスト教芸術センター」の集まりに招かれたとき。二度目は、以前、私が勤めていた国際日本文化研究センターに、講演のためおみえになったときである。

個人的に深くお話をうかがう機会はなかったが、芥川賞を受賞された『白い人』から『沈黙』や『深い河』にいたるまで、遠藤さんの作品は若いころから親しんでいた。はじめのうちは遠くにみえていた人だったが、いつのまにかすこしずつ身近に迫ってくるような人になっていた。西欧文学の傍《かたわ》らにたたずんでいた人が、その西欧文学の堅い額縁から抜けでて、一人のさびしい「黄色い人」として、心を揺するようなメッセージをとどけてくれるようになった。

たとえば遠藤さんは、吐息をもらすようにこんなことをいっている（本書九四頁）。

——キリスト教というよりも、西欧のキリスト教のもつあの西洋的な考え方、その二分法の考え方に息苦しくなった。その私を救ってくれたのが、現代のキリスト教文学だった。モウリヤック、ベルナノス、グリーンなどの作品だった。そこに流れている基調低音が、罪のなかにこそ救いの可能性をみつけようとする姿勢である……。

遠藤さんの一生が、その文学を含めてそうだったのではないかと、今あらためて思う。

遠藤さんが亡くなって、もう丸四年が経つ。その葬儀のときだった。お棺の中に、愛用の眼鏡や万年筆とともに著書の『沈黙』と『深い河』の二冊が納められたという。その二つの作品は、文字どおり遠藤文学における画竜の点睛だったのだと思う。

『沈黙』が発表されたのは昭和四十一年だった。それから三十年近く経って、『深い河』が書かれた。その間に、遠藤文学の重要な主題、日本人はキリスト教をどのように受け入れたのかという主題が、しだいに深まりをみせていった。

だが、この歳月の軌跡は同時に、私の目には、十六世紀のキリシタン文学から今日の現代小説にいたる四世紀余の時間の流れに重なってみえる。というのも遠藤文学の個性が、西欧文明を受容していく近代日本の歴史の流れを凝縮した形であらわしているようにもみえるからである。

『沈黙』は、キリシタン禁制時代の日本に、ポルトガルから二人の若い司祭が潜入を企てるところから始まる。島原の乱が鎮圧されたころである。かれらは苦心惨憺のすえ、取締りの目をかいくぐって上陸し、日本人信徒との連絡をつける。が、まもなく捕えられ、苛酷な拷問のすえ棄教に追いこまれていく。

その主人公の一人がロドリゴで、踏み絵をふむよう役人に説得される。外国の司祭が転べば、信徒たちも転ぶからだ。転ぶべきか、それを拒否するべきか、思い惑い苦しみつづけるかれの心の奥に、「神よ、あなたはなぜ黙っているのです」という黒い渦のような言葉が噴きあげてくる。救いの手をさしのべてくれない神への呪いの叫びだ。

そのとき、二十年前にすでに転んでいた先輩司祭のフェレイラがかれの前にあらわれて、いう。――お前の眼の前にいるのは布教に敗北した老宣教師の姿だ。知ったことはただ、この国にはお前や私たちの宗教は根を下ろさぬということだけだ。この国は沼地だ。どんな苗もその沼地に植えられれば、根が腐り始める……。

それをきいて怒りの声をあげるロドリゴに、今は沢野忠庵という日本名をもつフェレイラは淡々と話をつづける。

「この国の者たちが信じたものは、……我々の神ではない。彼等の神々だった。それを私たちは長い長い間知らず、日本人が基督教徒になったと思いこんでいた。……聖ザビエル師が教えられたデウスという言葉も日本人たちは勝手に大日とよぶ信仰に変えていたのだ。……

基督教の神は日本人の心情のなかで、いつか神としての実体を失っていった。……日本人は人間とは全く隔絶した神を考える能力をもっていない。……日本人は人間を美化したり拡張したものを神とよぶ。人間と同じ存在を神とよぶ。だがそれは教会の神ではない」

このフェレイラの言葉は作者の遠藤さんの気持ちでもあったのだろう。そしてもしかするとそこに盛られている日本人の信仰の本質は、キリシタンの時代だけでなく今日まで変化することなくわれわれによって受けつがれてきたものではなかったのか。

やがて、そのロドリゴの前に踏み絵が置かれるときがくる。細い腕をひろげ、茨の冠をかぶったキリストの醜い顔がそこにあった。

さあ、勇気をだして。踏めば、あの信者たちも助かる、とフェレイラがいう。ロドリゴは足を上げた。するとそのとき、あの人がかれに向かっていった。

「踏むがいい。私はお前たちに踏まれるため、この世に生まれ、お前たちの痛さを分かつため十字架を背負ったのだ」

キリストはついに沈黙を破ったのである。痛みと苦しみを分かち合うキリストが蘇り、踏むがいいという。そのキリストの背後に、あの厳格な怒れる神の姿はもはやない。慈愛の眼差しを注ぐ母のような許しの神の影が宿っている。

神の愛というより、むしろ仏の慈悲の輝きが立ち昇ってくるような錯覚さえおぼえる。ロドリゴは、人間とは隔絶しているはずの神のイメージの上に、母親のような人間の面影を追い求めているようにさえみえるのである。このロドリゴの変貌はまた、沼地のような日本の宗教風土に生まれ育った作者の、その深い心の底を映しだす鏡でもあるのではないだろうか。

神はこの世の内部に沈潜している

だが、それから三十年。

遠藤周作の最晩期の作品になった『深い河』には、大津という名の人物が登場する。かれはヨーロッパ的な考え方が日本人には合わないとして、「日本人の心にあう基督教」を考えることを一生の課題として背負う。もともとは神学を学んだ修道士だったのだが、西欧の神を信ずることができずに神父に忌避され、いつのまにか自分の神を求めてインドの果てまで遍歴の旅を重ねてしまったのだ。

そのかれが、流れ流れてガンジス河のほとりで、行き倒れを火葬場に運ぶ仕事をして、つぶやく。

「さまざまな宗教があるが、それらはみな同一の地点に集まり通ずる様々な道である。同じ目的地に到達する限り、我々がそれぞれ異なった道々をたどろうとかまわないではないか」

大津（遠藤）の好きな言葉である。そしてかれはまた、昔の女友達に向かってこうもいう。

「わかっています。でも結局は、玉ねぎ（神のこと）がヨーロッパの基督教だけでなくヒンズー教のなかにも、仏教のなかにも、生きておられると思うからです。思っただけでなく、そのような生き方を選んだからです」

神はこの世から超越しているのではない。そうではなくてそれは、この世の内部に沈潜し浸透している。内在している。キリスト教の神が、ヒンズー教や仏教の中に内在しているといっているのである。

『沈黙』の中の棄教者は、沼地のような風土に降り立った神の優しい姿について語っていた。そこではまだしも、超越する神が静かにこの世に降下するイメージが語られていた。その光景にくらべるとき、この『深い河』にあらわれる神は、その超越の輝きをほとんど消去してしまっているようにみえる。むしろこの東洋の、それこそ沼地のような湿原地帯の中にさらに深く浸透し、広く拡散していく新しい神の陰影をとどめている。

右の二つの作品のあいだに流れた三十年という時間の深さに、私はあらためて驚く。その間に、遠藤さんの内面で進行した神の変容のドラマに惹きつけられる。

それは一言にしていえば、キリスト教徒としての遠藤さん自身の変容のドラマだったのではないだろうか。

もしかするとキリスト教徒の遠藤さんは、かぎりなく隠れ日本教徒の世界に近づいていたのかもしれない。かつてのキリシタンが、いつのまにか隠れキリシタンとなってこの国土の沼地に土着し、この国の民俗信仰を受け入れていったように……。

その遠藤さんは晩年、腎臓病に苦しみ、透析などの治療のため入退院をくり返し、きびしい闘病生活をつづけていた。心不全や脳内出血にも見舞われ、そのたびに奇跡的に危機を脱して退院することができたのだったが、平成八年九月二十九日、肺炎による呼吸不全で帰らぬ人となった。死の直前に顔が輝き、順子夫人としっかり手を握って、意思を伝え合ったという。

遠藤さんは日ごろ、人は苦しみを分かち合うことで孤独感から脱れることができる、イエス・キリストはこのことをよく知っていた、といっていた。その苦しみを分かち合い、地獄の孤独を引き受ける連帯感が「手を握る」という行為に示されるというのが、遠藤さんの変わらざる信念であった。

順子夫人と手を握り合って最期を迎えることのできた遠藤さんは、本当に幸せであったと思う。

そこまでいけば、キリスト教徒であろうと隠れキリシタンであろうと、変わりはないのであろう。遠藤文学の究極の世界がそこに顔をのぞかせているのではないだろうか。

（やまおり　てつお／宗教学者・評論家）

この作品には、今日の観点からみると、差別的表現ととられかねない箇所がありますが、著者の意図は差別を助長するものではなく、作品自体のもつ文学性、また著者がすでに故人であるという事情に鑑み、原文どおりとしました。

（朝日文庫編集部）

人生《じんせい》の真実《しんじつ》を求《もと》めて
神《かみ》と私《わたし》〈新装版《しんそうばん》〉

朝日文庫

2022年6月30日　第1刷発行

著　者　遠藤《えんどう》周《しゅう》作《さく》
監　修　山《やま》折《おり》哲《てつ》雄《お》

発行者　三宮博信
発行所　朝日新聞出版
〒104-8011　東京都中央区築地5-3-2
電話　03-5541-8832（編集）
03-5540-7793（販売）
印刷製本　大日本印刷株式会社

ISBN978-4-02-262062-0